U0908767

农业绿色发展衢州实践

——浙江衢州农业绿色发展路径与战略研究

◎宋成军　徐志宇　祝升明　毛正荣　等　编著

中国农业科学技术出版社

图书在版编目（CIP）数据

农业绿色发展衢州实践：浙江衢州农业绿色发展路径与战略研究 / 宋成军，徐志宇，祝升明，毛正荣等编著. —北京：中国农业科学技术出版社，2020.8

ISBN 978-7-5116-4907-2

Ⅰ. ①农… Ⅱ. ①宋… Ⅲ. ①绿色农业—农业发展—研究—衢州 Ⅳ. ①F327.553

中国版本图书馆CIP数据核字（2020）第140028号

责任编辑 徐定娜 李 雪
责任校对 贾海霞

出 版 者 中国农业科学技术出版社
北京市中关村南大街 12 号 邮编：100081
电 话 （010）82105169（编辑室）（010）82109702（发行部）
（010）82109709（读者服务部）
传 真 （010）82109707
网 址 http://www.castp.cn
发 行 各地新华书店
印 刷 者 北京建宏印刷有限公司
开 本 710 mm × 1 000 mm 1 /16
印 张 10.75 **彩插** 24 面
字 数 234 千字
版 次 2020 年 8 月第 1 版 2020 年 8 月第 1 次印刷
定 价 48.00 元

农业绿色发展衢州实践
——浙江衢州农业绿色发展路径与战略研究
编委会

主 编 著： 宋成军　徐志宇　祝升明　毛正荣

副主编著： 孙仁华　石祖梁　徐　霄　王　飞

编 著 者：（按姓氏笔画排序）

万小春　习　斌　马　晶　王亚茹
王宏航　邢可霞　任雅薇　刘东生
刘亚丽　齐　岳　江德权　孙丽英
严　波　李冰峰　李欣欣　李荣会
杨　磊　张　军　张卫峰　张霁萱
邵建均　罗　娟　周晓红　周爱明
居学海　贾　涛　徐文勇　程红胜
鲁天宇　赫天一　薛颖昊

内容简介

本书基于习近平生态文明思想，阐述了我国农业绿色发展的内涵特征、现状成效、政策行动、技术体系、典型模式与未来趋势，并采用全生命周期分析法辨析了其成本增量构成。基于浙江省衢州市农业农村绿色发展实践，阐明以现代生态循环农业体系为核心的绿色农业系统如何促进产业兴旺、改善乡村福祉，提高农民收入，增强农业农村可持续发展能力，论述了“十四五”时期农业绿色发展的对策建议。本书将成为农业生态环境保护科技工作者和管理工作者开展农业农村生态规划设计和农业绿色发展行动的重要参考书。

前　言

设想一下，2030 年我们生活在一个全新的美丽乡村，农业产业兴旺、农民生活富裕、乡村美丽宜居，那时候，农业成为有奔头的产业，农民成为有吸引力的职业，农村成为安居乐业的美丽家园！

2030 年的这一愿景，在我国乡村振兴蓝图“美丽乡村建设目标”中得到体现。农业是决定建设生态宜居美丽乡村的关键所在，也是我国绿色发展的主阵地。2030 年农村剩余人口大约 4 亿人，乡村发展仍旧面临着两大问题：农村青壮年劳动力持续外流，农业农村资源环境约束加强。这些问题如果得不到有效解决，乡村就会不断走向衰落，国家实现乡村振兴的战略目标就会落空。农业绿色发展是联系当前和未来的桥梁，既能革除过去索取型的生产方式，又能构建绿色生产生活方式，实现人与自然和谐相处，引领乡村振兴。

本书研究了农业绿色发展的内涵与趋势。绿色发展观是习近平生态文明思想的重要组成内容，全面推动绿色发展是习近平生态文明思想的内在要求。农业绿色发展观是绿色发展观的一个分支，是绿色发展思想在农业领域内的延伸。农业绿色发展是整个国家绿色发展的基础。习近平总书记指出，推进农业绿色发展是农业发展观的一场深刻革命。农业绿色发展的概念，当今广泛使用于普通媒体乃至科学刊物，但像许多其他概念一样，至今没有一个严格、统一的定义。本研究基于不同学者的定义，结合国家农业绿色发展政策和成效，提出了我国农业绿色发展的内涵特征、现状成效、政策行动、技术体系、典型模式与未来趋势，提出了“十四五”时期农业绿色发展的对策建议。

本书展示了“两山”理论的农业实践样本。以习近平同志为核心的党中央高度重视农业农村绿色发展。习近平在主政浙江期间，把高效生态农业作为浙江现代农业的目标模式，把发展高效生态农业作为浙江发展现代农业的具体实践形式，考察安吉和丽水时提出“绿水青山也是金山银山”的著名论断，彰显出习近平同志的农业绿色发展观。衢州市位于钱塘江源头、浙闽赣皖四省边际，素有“东南阙里、南孔圣地”美誉，是伟人毛泽东同志的祖居地，市域犹如一颗“红心”镶嵌在中华大地。2003 年以来，习近平总书记先后 8 次到衢州考察调研、指导工作，17 年来，衢州牢记嘱托，建设全国唯一高效生态农业产业体系的全域化格局，资源环境的生态优势转变成为生态产业的经济优势，成为全国农业高质量发展样板地、科技创新孵化地、产业融合发展集聚地、体制机制创新重要策源地。

本书阐明了衢州农业绿色发展的建设路径。在发展愿景上，甄别了衢州农业绿色发展的关键问题，总结了衢州农业绿色发展成效，在分析农业资源禀赋和环境条件基础上，构建了包含国家、浙江省和衢州市三级绿色指标体系，提出了绿色产业、绿色资源、绿色产品、绿色乡村、绿色制度、绿色增收的“六个绿色”发展目标。在空间布局上，与国土、旅游等多个规划进行衔接，构建了“一线、三带、四区、多群落”的农业全域绿色发展空间格局。在建设路径上，明确了新美丽田园模式、多产融合生态循环模式、放心农产品全链追溯模式、农产品上行新零售模式和可持续乡村未来社区模式等绿色发展新模式和技术路线图。在建设内容上，重点推进农业生产基地化、农业产业融合化、生产链条循环化、农业产品优质化、乡村环境美丽化等“五化”并进，提出了农业绿色科技支撑工程、生态循环农业建设工程、新时代美丽田园工程、新时代美丽乡村工程等八大建设工程。在体制机制上，创设绿色发展负面清单制度、农业投入品管理制度（农药购买实名制和化肥施用定额制）、农业生态补偿与环境损害惩治制度、农业绿色发展用地优先保障制度、农业绿色发展基金制度，构建以绿色生态为导向的衢州农业绿色发展的机制体系，农业绿色发展成为农业高质量发展的增长极，保障“绿水青山就是金山银山”的绿色发展理论在衢州进一步落地。

本研究得到了衢州市人民政府和衢州市农业农村局的大力支持，与中国科学院生态环境研究中心、农业农村部规划设计研究院、中国农业生态环境保护协会、中国农业大学共同完成。由于时间紧、任务重，编著者调研考察和掌握的资料较为有限，书中还存在一些值得商榷之处，恳请读者批评指正。

编著者
2020 年 5 月

目　录

第一章 农业绿色发展概述

夫农，天下之本也。农业的发展振兴事关国家繁荣稳定，全面小康社会顺利建成。40 年改革硕果累累，但“三农”工作仍有一些问题与挑战，迫切要求转变农业发展方式。习近平总书记指出，绿水青山就是金山银山，要树立新理念，推进农业绿色发展。

一、内涵外延

农业绿色发展的概念，当今广泛使用于普通媒体乃至科学刊物，但像许多其他概念一样，至今没有一个严格、统一的定义。从世界各国农业绿色发展的实践看，农业绿色发展的基本内涵是以绿色发展理念引领农业，以优质农产品供给和生态农产品供给为目标，以资源节约型、环境友好型和生态保育型技术、装备为支撑，逐步建立生产、生活、生态相协调的多功能农业生态体系的发展过程。从理论上讲，凡是能够推动农业绿色水平的行为、活动都应该纳入农业绿色发展，从外延来看，可以纵向上分为绿色投入、绿色生产、绿色产品、绿色营销，也可以横向上分为绿色文化、绿色技术和绿色制度，还可以从农业活动上分为绿色种植业、绿色畜牧业、绿色渔业和绿色服务业。

二、基本属性

归纳起来看，农业绿色发展有以下 4 个基本属性。

（一）政策性

农业绿色发展是在中国改革开放到一定阶段，由国家政府提出。首先是一种观念革新，农业绿色发展是农业发展观的一次深刻革命；其次是政策推动，党中央和国务院联合发文，涉及农业发展方式、技术变革、社会治理模式、管理体制机制等多方面内容，统筹全社会共同推进；再者是任务实现，农业绿色发展是确定要实现的目标任务，体现了我国政府、国家领导人的时代使命和政治担当。

（二）系统性

过往的农业活动都服务于农业生产，完全忽视甚至对立了其他组分的生态功能。习近平生态文明思想明确指出山水林田湖草是一个整体，即生命共同体。农业生态系统包含农业生产、农民生活、农村生态、农田生物等基本组成，包含着生产空间、生活空间和生态空间，是一个社会—经济—自然复合生态系统。“山水林田湖草是生命共同体”，农业绿色发展转型和治理，要用系统方法谋划，统筹兼顾、整体施策、多措并举，全地域、全过程、全方位开展建设。

（三）传承性

农耕文明是中华文明的基石，我国农业文明历史悠久，农业生产的生态观点和系统思想由来已久，在农业生产、民众生活自觉、机构设置等诸多方面都有着充分的体现，总结为天、地、人“三才”协调的整体观、趋利避害的农时观、因地制宜的地力观、变废为宝的循环观、御欲尚俭的节约观。新时代农业绿色发展追求节约、节能、低碳、环保、循环，与传统农耕文明中对和谐的天、地、人关系的尊崇完全契合，农业绿色发展需要以厚重的农耕文化积淀和历史智慧为底蕴，需要传承和发扬传统农耕文化，以实现我国农业现代化。

（四）限制性

农业绿色发展首先是农业的发展，是农业与其生存环境的共同发展。农业通过消耗资源才能维持农产品生产，并且农业在消耗资源的同时又必须排放大量的废弃物，所以农业生态系统想要健康持续运转，就必须要有持续的资源供给。同时，也必须要有足够的环境容量来容纳农业或者农业生产者所排放的废弃物，但是资源是有限的，环境容量也是有限的，因此农业的发展要受到环境承载力和资源承载力的双重限制。资源系统和环境系统都是农业生态系统的单要素组成内容，如果农田生态系统被破坏，那么单要素的承载力就失去意义，农业绿色发展也就不能实现。所以农业生产活动必须要限制在农业生态系统的承受阈值之内，也就是说，农业绿色发展必须以农业生态系统承载力为基础。

三、主要研究问题

（一）农业绿色发展基础应用研究

从农业生态文明发展历程和国家农业政策演变历程中，分析中国特色社会主义农业绿色发展产生的背景，辨析农业绿色发展、可持续发展与高质量发展之间的逻辑关系，阐明中国农业绿色发展的指导思想、概念体系、方法体系、理论基础和驱动、制约因素，提出并展望我国未来相关研究的关键和热点。在科学界定绿色农业概念基础上，实施我国农业绿色发展区划，提出不同区域农业绿色发展的基本经验、时间节点、配套要素与绿色模式，形成全国农业绿色发展战略图、路线图和时间表。

（二）农业绿色发展关键技术研发

选育和推广一批高效优质多抗的农作物、牧草和畜禽水产新品种。研发一批绿色高效的功能性肥料、新型土壤调理剂、绿色防控品、绿色高效饲料添加剂、低毒低耐药性兽药、高效安全疫苗等新型产品。研发一批土壤改良培肥、雨养和节水灌溉、精准施肥、有害生物绿色防控、畜禽水产健康养殖和废弃物循环利用、面源污染治理和农业生态修复、轻简节本高效机械化作业、农产品收储运和加工等农业绿色生产技术。形成一批主要作物绿色增产增效、种养加循环、区域低碳循环、田园综合体等农业绿色发展模式。研发应用一批耕地质量、产地环境、面源污染、土地承载力等监测评估和预警分析技术模式。

（三）农业绿色发展产业体系研究

推进农业绿色发展，需要强有力的技术支撑和产业基础，根据国家发改委《绿色产业指导目录（2019 年版）》，需要着力壮大节能环保、清洁生产、清洁能源等绿色产业；农业绿色发展领域主要包括：清洁生产产业、清洁能源产业、生态环境产业、生态保护产业、生态修复产业、基础设施绿色升级和绿色服务产业；需要研究制订投资、价格、金融、税收等方面政策措施。

（四）农业绿色发展标准体系研究

制定完善与产地环境质量、农业投入品质量、农业产中产后安全控制、作业机器系统与工程设施配备、农产品质量等相关的农业绿色发展环境基准和技术标准，包括农业绿色发展标准体系框架、农业绿色标准化生产推进机制、农产品绿色加工包装标准、农产品安全贮存和冷链运输标准、绿色农产品全程可追溯体系等方面研究。梳理欧盟共同农业政策（Common Agricultural Policy，CAP）、英国环境管理项目（Environmental Stewardship，ES）、美国基于资源与环境的最佳管理措施（Best Management Practices，BMP）等先进经验，全面分析我国现阶段农业补贴政策和资金，形成我国农业绿色发展的补偿技术清单、补偿标准，以及执行流程、评估标准，形成绿色导向的农业补偿制度。

（五）绿色转型评价方法及应用研究

依托国家农业绿色发展先行区和长期观测试验站建设，结合农业物联网、智能监测装备、卫星遥感技术、区块链追溯技术等，科学设计农业绿色发展监测指标体系、参数计算方法以及参数获取手段，形成农业绿色发展监测预警网络。梳理联合国环境规划署（UNEP）、联合国统计委员会等国际组织绿色 GDP 核算相关成果，形成绿色转型衡量指标及测度方法，建立农业绿色发展评价和预测模型，全面客观地评价各省（自治区、直辖市）及重要地区的农业绿色发展情况和发展潜力。

（六）国内外农业绿色发展文化研究

梳理我国传统农业生态思想、传统耕作制度、区域传统农耕文化模式，结合中国传统农业文化遗产保护工作，总结出中国传统农业中的农业绿色发展思想脉络和核心要义，并提出在现代农业发展中的借鉴价值。通过文献系统研究美国、欧盟、日本、韩国、澳大利亚、新西兰等主要发达国家和地区，以及中亚、东南亚、非洲、南美洲等地农业绿色发展法律、政策、技术模式，提出操作性强、符合我国国情农情实际的中国农业绿色发展政策建议。

第二章
农业绿色发展现状与成效

绿色发展是人类面对当今全球资源和环境挑战所作出的发展方式和发展道路上的重大探索。我国农业农村经济发展与世界各国的联系愈发紧密，发达国家农业政策的调整对我国农业发展产生越来越显著的影响，同时，我国作为全球经济体发展中的一个大国，在推进农业绿色发展完善相关农业政策制定方面亟须吸取其他发达国家的经验和教训，提升政策执行的效果。

一、健全农业绿色发展政策体系

我国是农业大国，农业现代化是中共中央、国务院致力于国家治理体系与治理能力现代化的重大目标之一，目前，我国农业绿色发展政策体系日渐完善，取得了一批制度成果。

（一）制修订了一批法律法规

在污染防治领域，国务院出台了“水十条”“土十条”和“气十条”。2014年正式生效的《畜禽规模养殖污染防治条例》，是农业污染治理领域的第一个全国性法规。2014—2017年，全国人大、国务院法制办先后完成了《中华人民共和国环境保护法》《中华人民共和国大气污染防治法》等法律法规的修订，均新增或完善有关农业绿色发展的条款和内容。2015年9月，中共中央、国务院印发《生态文明体制改革总体方案》，提出建立耕地草原河湖休养生息制度，编制耕地草原河湖休养生息规划。2016年，中央深改组通过《建立以绿色生态为导向的农业补贴制度改革方案》，强化耕地、草原、林业、湿地等主要生态系统补贴政策，把政策目标由数量增长为主转到数量质量生态并重上来。

（二）出台了一批重要文件

21世纪以来，中共中央、国务院连续发布了17个指导“三农”工作的中央一号文件。2013年以前的中央一号文件很少使用“绿色”“可持续”字词，只是出现“绿色食品”“绿色农产品通道”说法，自2014年以来，“绿色”一词频繁在中央一号文件中出现。2016年，中央一号文件《中共中央、国务院关于落实发展新理念加快农业现代化实现全面小康目标的若干意见》首次写入“农业绿色发展”，进一步指明了我国农业现代化的转型发展方向，即调整农业发展路径，转向绿色轨道。2015 年先后出台的《关于加快推进生态文明建设的意见》《生态文明体制改革总体方案》为农业生态文明建设做好了顶层设计，同年 9 月，中共中央办公厅、国务院办公厅印发了《关于创新体制机制推进农业绿色发展的意见》，这是中共中央出台的第一个关于农业绿色发展的文件，标志着农业绿色发展顶层设计的“四梁八柱”基本建立，是指导当前和今后一个时期农业绿色发展的纲领性文件。党的十九大报告提出要打好污染防治攻坚战，“乡村振兴战略”首次被写进党章。

（三）形成了一批专项规划

国务院印发的《全国农业现代化规划（2016—2020 年）》也用专章阐释和规划绿色兴农。2016 年，国家发展改革委等 8 部门联合出台《耕地草原河湖休养生息规划（2016—2030 年）》，明确了耕地草原河湖休养生息的阶段性目标和政策措施。农业农村部相继实施了《到 2020 年化肥使用量零增长行动方案》《到 2020 年农药使用量零增长行动方案》等。2015 年，农业部（2018 年 3 月，国务院组织机构调整，将农业部更名为农业农村部，下同）等 8 部委印发了《全国农业可持续发展规划（2015—2030 年）》。2016 年和 2017 年，农业部先后印发了《农业资源与生态环境保护工程规划（2016—2020 年）》《种养结合循环农业示范工程建设规划（2017—2020 年）》。“十三五”以来，中共中央、国务院陆续出台了一系列关于生态文明建设与农业绿色发展的指导性文件，大力推进农业绿色发展体制机制建设，农业农村生态环境保护工作得到加强，相关规定逐步实现全方位和立体化。

二、实施农业绿色发展重大工程

（一）打赢农业面源污染防治攻坚战

2017 年，党的十九大提出要坚决打好污染防治攻坚战。根据中共中央、国务院关于加强生态文明建设、加快转变农业发展方式的部署要求，农业农村部围绕“一控两减三基本”目标，以降低环境污染和提高资源利用水平为核心，深入推进农业面源污染防治工作，提出农业面源污染防治攻坚战七大行动：化肥农药使用量零增长行动、养殖粪污综合治理行动、果菜茶有机肥替代化肥行动、秸秆综合利用行动、地膜综合利用行动、农业面源污染防治技术推广行动和农业绿色发展宣传行动。

1. 推进化肥农药使用量零增长行动

一是推进化肥减量增效。突出重点区域、重点作物，在东北和黄淮海玉米产区、北方设施蔬菜集中产区和南菜北运基地、黄土高原和渤海湾苹果优势产区创建200个化肥减量增效示范县，在粮食主产区和园艺作物优势产区开展大范围的配方肥进村入户，因地制宜推广机械施肥、滴灌施肥、水肥一体化等高效施肥技术，总结提炼一批可推广的化肥减量增效技术模式。二是推进农药减量控害。在果菜茶优势产区，选择150个重点县（市）开展全程绿色防控试点，集成推广以生物防治为主的绿色防控技术；以600个统防统治与绿色防控融合示范基地为平台，推进农企对接、新型经营主体与病虫专业化服务组织共建；支持新型农业经营主体、专业化统防统治组织开展高效植保机械示范展示；推广低容量喷雾、静电喷雾等先进施药技术，提高农药利用率。

2. 推进养殖粪污综合治理行动

一是推进畜禽养殖粪污综合治理。优化调整生猪养殖布局，以畜禽养殖大县为重点，支持规模养殖场改善粪污处理基础设施；整县推进粪污处理和资源化，实施畜牧业绿色发展示范县创建活动；继续开展洞庭湖区畜禽养殖污染治理试点，科学划定禁养区，开展畜禽养殖标准化示范创建活动，推动适度规模标准化养殖，探索形成适合不同畜种和区域特点的主推模式。二是推进水产养殖污染治理。加快推进养殖水域滩涂规划编制，科学划定禁止养殖区、限制养殖区和养殖区，合理布局水产养殖，组织开展水产健康养殖示范场和示范县创建活动；创建10个渔业健康养殖示范县和500个以上水产健康养殖示范场，推进水产养殖减排减药；大力发展稻渔综合种养和鱼菜共生，实施水产养殖面源污染防治技术试验示范，推广水产健康养殖技术，开展洞庭湖区水产养殖污染治理。

3. 推进果菜茶有机肥替代化肥行动

一是启动果菜茶有机肥替代化肥示范县创建。统筹兼顾果菜茶生产大县和畜牧业养殖大县，在苹果、柑橘、设施蔬菜、茶叶优势产区创建100个果菜茶有机肥替代化肥示范县，打造一批示范园区，集成推广一批技术模式，总结一批服务模式。二是构建果菜茶绿色发展工作机制。整合相关项目资金，向果菜茶有机肥替代化肥试点县倾斜，组织专家分作物制定果菜茶有机肥替代化肥技术规范，在关键农时开展技术指导服务，完善耕地质量监测网络，运用遥感技术开展动态监测，跟踪耕地质量变化情况，科学评估实施成效。

4. 推进秸秆综合利用行动

2016—2018 年，农业部、财政部累计投入中央财政资金 38 亿元，围绕大气污染重点防治区域，选择部分秸秆问题较突出的省份，按照“整县推进、多元利用、政府扶持、市场运作”的原则，推介秸秆综合利用十大模式，开展了秸秆综合利用试点建设。截至目前，在全国已建成 241 个试点县，有效提升了各地秸秆综合利用率和秸秆综合利用能力。

5. 推进地膜综合利用行动

2018 年 5 月，实施了强制性国家标准《聚乙烯吹塑农用地面覆盖薄膜》，对地膜的适用范围、分类、产品等级、厚度和偏差、拉伸性能、耐候性能等多项指标进行了修订，特别是提高了地膜厚度下限，新标规定，地膜厚度≥ 0.010 毫米，偏差不得高出 0.003 毫米，低出 0.002 毫米，建设了 100 个地膜治理示范县，开展可降解地膜试验示范，开展地膜生产者责任延伸制度试点，推广“5 个 1”（出台地方条例、推行地方标准、落实以旧换新补贴、实施综合利用项目、构建监管体系）的地膜综合利用模式。

6. 推进农业面源污染防治技术推广行动

一是强化技术创新。做好各类研究项目与农业面源污染防治攻坚战重点任务和技术需求对接，研发推广一批新技术、新产品和新设备。在农业产业技术体系中增设农业废弃物综合利用、产地环境治理等岗位。组建农业废弃物综合利用、生态循环农业等创新联盟，合力解决关键技术问题。二是推进技术应用。分区域、分作物总结提炼一批化肥减量增效技术模式，编制施肥指导手册集成推广，发布科学施肥指导意见。以源头减量、无害处理、资源利用 3 个环节为重点，组装推广“三基本”（畜禽粪污、秸秆、地膜基本实现资源化利用）先进实用技术，加快研究编制秸秆还田、有机肥沼肥施用、地膜综合利用等标准规范。三是推广节水农业技术。推广保护性耕作、农艺节水保墒、水肥一体化、喷灌、滴灌等技术，改进耕作方式，在水资源问题严重地区，适当调整种植结构，选育耐旱新品种。推动水肥一体化高标准示范区建设，扩大技术推广应用规模和范围。

7. 推进农业绿色发展宣传行动

一是加强宣传发动。组织专题宣传活动，举办农业废弃物综合利用系列现场交流会和“化肥农药零增长在行动”主题宣传活动。举办农业绿色发展论坛，研讨农业绿色发展形势、政策措施、技术创新和典型经验。二是做好推介展示。举办绿色博览会，集中展示重大农业绿色科技成果、种养加等环节主推绿色技术、生物农药生物肥料等主要绿色投入品、节能减排低碳环保等重点绿色装备。三是举办高层论坛，围绕绿色发展主题，研讨有关绿色发展路径。突出农业绿色发展导向，重点遴选、发布和推介一批技术模式和发展典型。

8. 其他工作

一是强化耕地土壤污染防治，2018 年，在江苏、河南、湖南三省开展耕地土壤环境质量类别划分试点，探索推进污染耕地分类管理并开展利用试点，划定特定农产品禁止生产区，严格管控重度污染耕地，实施湖南省长株潭地区重金属污染耕地修复与种植结构调整试点。二是发展农村可再生能源，出台了《关于加快推进农村可再生能源发展的意见》，建设了 100 个农村可再生能源综合示范村，妥善处置废弃农村沼气设施，盘活已建户用沼气，拓展功能，推进农村厕所革命，实施秸秆气化农村清洁能源利用工程，进一步拓宽农村清洁能源供给渠道，建设了一批秸秆打捆直燃清洁供暖示范点，组织农村清洁炉具博览展示会，编制发布《清洁炉灶升级换代发展规划》。三是加强农业生物多样性保护，推动外来物种管理立法，完善国家重点管理外来入侵物种名录，实施外来入侵物种风险评估、监测预警与综合防控，示范推广生物天敌防治与生物替代技术，制定第二批国家重点保护野生植物名录，继续实施农业野生植物原生境保护工程。

（二）实行耕地轮作休耕制度试点

2016 年，农业部等 10 部委印发《探索实行耕地轮作休耕制度试点方案》，在东北冷凉区、北方农牧交错区、地下水漏斗区、长株潭重金属污染区、西南石漠化区和西北生态严重退化地区，探索实行耕地轮作休耕制度试点（表 2-1），对休耕农民给予必要的粮食或现金补助，结合实施东北冷凉区、北方农牧交错区等地玉米结构调整，按照 150 元 /（年・亩）（15 亩＝ 1hm^2。全书同）标准安排补助资金，支持开展轮作试点，河北省黑龙港地下水漏斗区季节性休耕试点补助 500 元 /（年・亩），湖南省长株潭重金属污染区全年休耕试点补助 1 300 元 /（年・亩）（含治理费用），所需资金从现有项目中统筹解决，贵州省和云南省两季作物区全年休耕试点补助 1 000 元 /（年・亩），甘肃省一季作物区全年休耕试点补助 800 元 /（年・亩）。目前，全国初步建立了耕地轮作休耕组织方式和政策体系，集成推广了种地养地和综合治理相结合的生产技术模式，探索形成了轮作休耕与调节粮食等主要农产品供求余缺的互动关系。

表 2-1　2016—2019 年我国耕地休耕轮作试点规模与投资一览

年份	2016 年	2017 年	2018 年	2019 年	合计
轮作面积（万亩）	116	1 000	2 600	2 500	6 216
休耕面积（万亩）	500	200	400	500	1 600
总面积（万亩）	616	1 200	3 000	3 000	7 816
覆盖范围	9 省（区）	9 省（区） 187 县	12 省（区）	18 省（区）	18 省（区）
总投资（亿元）	—	25.6	50.9	—	76.5

（三）实施农业绿色发展五大行动

2017—2018 年，农业部为落实新发展理念，加快推进农业供给侧结构性改革，增强农业可持续发展能力，提高农业发展的质量效益和竞争力，启动实施畜禽粪污资源化利用行动（畜牧大县）、果菜茶有机肥替代化肥行动（150 个果菜茶重点县，图 2-1 和图 2-2）、东北地区秸秆处理行动（东北地区 60 个玉米

图 2-1　“绿肥 + 自然生草”施肥模式

图 2-2　“有机肥 + 水肥一体化”施肥模式

主产县)、农膜回收行动(在甘肃、新疆、内蒙古等地区建设100个治理示范县)和以长江为重点的水生生物保护行动(长江流域)等农业绿色发展五大行动，力争在2020年，基本解决大规模畜禽养殖场粪污处理和资源化问题，果菜茶优势产区化肥用量减少20%以上，果菜茶核心产区和知名品牌生产基地(园区)化肥用量减少50%以上，东北地区秸秆综合利用率达到80%以上，基本杜绝露天焚烧现象，农膜回收率达80%以上，农田“白色污染”得到有效控制，全国压减海洋捕捞机动渔船2万艘、功率150万千瓦，长江流域水生生物资源得到恢复性增长。

(四)创建农业绿色发展先行示范区

打造了一批农业绿色发展综合样板。2015年，农业部等8部门联合印发了《全国农业可持续发展规划(2015—2030年)》，明确提出要打造一批可复制、可推广的“国家农业可持续发展试验示范区”。2016年这项工作正式启动，全国共有100多个创建主体，8部委制定了《国家农业可持续发展试验示范区建设方案》，2017年经农业部等8部门认定，对首批40个符合条件的创建主体授牌，2019年，8部委评估确定了第二批41个国家农业绿色发展先行区，专门制定了《国家农业可持续发展试验示范区(农业绿色发展先行区)管理办法(试行)》，以加强示范区建设管理，为全面推进农业可持续发展提供试验示范。

(五)发展现代高效生态循环农业

2014年以来，农业部启动建设了12个现代生态农业示范基地，历经5年研究、示范、推广，取得主要成效如下：厘清了我国区域突出环境问题，研发了区域秸秆全量化利用、集约化农田景观营造、生物多样性绿色防控、农田生态沟渠建造4项核心技术，构建了现代高效生态农业技术体系，编制了30项生态农业技术规程，形成了西北干旱区节水环保型、北方集约化农区清洁生产型、西南山区生态保育型、南方水网区水体清洁型、大中城市郊区产业融合型、黄土高原区果园清洁型六大区域生态农业建设模式，建设了现代生态农业智慧化数据管理平台，打造了“管技用评”推广机制，在全国12个省市开展试点示范和推广应用，总推广面积达2 173万亩，总经济效益达22.7亿元，打造了一批农业绿色发展的先进样板，探索出有效的现代生态循环农业运行机制，为全国推进生态循环农业建设提供有力支撑。农业农村部相继开展了浙江、安徽和海南3个生态循环农业试点省、10个循环农业示范市、102个国家级生态农业示范县、200个农业综合开发区域生态循环农业项目和1 100个美丽乡村建设。目前，我国已初步形成了省、市（县）、乡、村、基地5级生态循环农业示范带动体系。

三、农业绿色发展主要成效

（一）空间布局持续优化

全国已划定粮食生产功能区和重要农产品生产保护区9.28亿亩，认定茶叶、水果、中药材等特色农产品优势区148个。

（二）农业资源休养生息

耕地利用强度降低，耕地养分含量稳中有升，全国土壤有机质平均含量提升到24.3g/kg，全国农田灌溉水有效利用系数提高到0.548。

（三）产地环境逐步改善

面源污染攻坚初见成效，2015年以来，全国水稻、小麦、玉米三大粮食作物平均化肥利用率提高到37.8%，农药利用率38.8%，化肥、农药使用量双双实现零增长；秸秆综合利用率83.7%。畜禽粪污资源化利用率达70%；新疆维吾尔自治区（以下简称新疆）、甘肃省等地膜使用重点地区废旧地膜当季回收率近80%，农业废弃物资源化水平不断提高。

（四）生态系统建设稳步推进

已划定国家级的水生生物自然保护区25个、水产种质资源保护区535个和海洋牧场示范区64个；全国草原综合植被覆盖度提升到55.3%，重点天然草原牲畜超载率明显下降。

（五）人居环境逐步改善

全国完成生活垃圾集中处理或部分集中处理的村占比73.9%，实现生活污水集中处理或部分集中处理村占比17.4%，使用卫生厕所的农户占比48.6%。

（六）模式探索初见成效

遴选出全域统筹发展型、都市城郊带动型、传统农区循环型 3 个综合推进类模式，以及节水、节肥、节药，畜禽粪污、秸秆和农膜资源化利用，渔业绿色发展 7 个单项突破类模式，可为我国不同类型地区农业绿色发展提供参考和借鉴。

第三章
农业绿色发展技术与模式

一、农业绿色发展技术体系框架

2018年7月，农业农村部组织编写了《农业绿色发展技术导则（2018—2030年）》，凝练出了农业绿色发展领域亟需的“244514”技术体系（附图1），从而为农业绿色发展和农业农村现代化提供技术支撑，主要包括以下方面。

1）创新2项基础研究，即开展生物固氮机理、植物纤维分解机制、作物高光效机理、动植物机器系统互作机理等重大科学研究，突破一批制约农业绿色发展的重大科技问题，形成一批原创性成果，开辟绿色发展新前沿新方向，开展信息技术、生物技术、环境技术、新材料技术、新能源技术、纳米技术、智能制造等应用基础和关键核心技术研究，推动以绿色、智能、泛在为特征的群体性重大技术变革，培育一批新产业新业态。

2）开发4项绿色材料，即高效优质多抗新品种、环保高效肥料、农业药物与生物制剂、节能低耗智能化农业装备。

3）构建4项绿色模式，即作物绿色增产增效技术模式、种养加一体化循环技术模式、智慧型农业技术模式、乡村人居环境治理技术模式。

4）编制5项技术标准，即农业资源核算与生态功能评估技术标准、农业投入品质量安全技术标准、农业绿色生产技术标准、农产品质量安全评价与检测技术标准、农业资源与产地环境技术标准。

5）研发14项技术，即耕地质量提升与保育技术、农业控水与雨养旱作技术、化肥农药减施增效技术、农业废弃物循环利用技术、农业面源污染治理技术、重金属污染控制与治理技术、畜禽水产品安全绿色生产技术、水生生态保护修复技术、草畜配套绿色高效生产技术、农产品低碳减污加工贮运技术、农产品智能化精深加工技术。

二、我国农业绿色发展典型模式

党的十八大以来，绿色发展理念已经逐步融入农业农村发展各个方面，我国农业绿色发展综合水平显著提升，农业供给侧结构性改革和农业发展方式转变加快推进，生态田园和美丽家园建设提速，已形成了一批可复制、可推广的农业绿色发展典型模式，为世界农业可持续发展贡献了“中国样板”。

（一）科技驱动型：绿色增产增效技术应用模式

2009 年，中国农业大学在曲周县设立了“科技小院”，以扎根农村的“科技小院”为核心、以覆盖全国的“科教专家网络、政府推广网络、校企合作网络”为平台，与千百万农民一起，大面积推广应用绿色增产增效技术的新型技术应用模式（图 3-1）。推广行动的目的在于同农民一起应用绿色增产增效技术实现高产高效和环境友好。科研合作者（农业院校或研究院所的科学家和学生）制定当地适用的绿色增产增效技术方案，然后培训推广人员（不同级别政府单位的农业技术人员）和农业相关企业人员（农产品供应和服务，包括公司业务主管 / 产品开发人员，区域营销以及当地经销商和销售代表），经田间验证和农民实践改进的绿色增产增效技术方案一旦被确定下来，就可以通过科研人员、政府技术人员、企业人员和农民共同参与式的推广模式、以标准化、机械化、产品化和信息化等手段开展大面积推广应用。

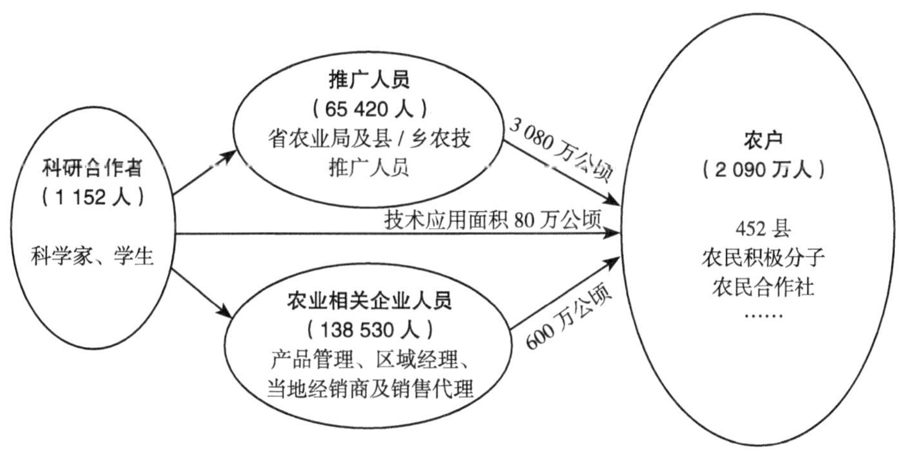

注：括号中的数值表示参与活动的人员数量

图 3-1　绿色增产增效技术应用新模式

2009—2019 年，共有 1 152 名研究人员、6.5 万名农业推广人员及 13 万名农业相关企业人员和 452 个县的 2 090 万名农民参与了这一技术模式的推广应用工作。开展和组织了 14 000 多个培训班、21 000 多个田间日活动、6 000 多场田间现场观摩会和发放 33.7 万份宣传册。2006—2015 年，绿色增产技术累计推广 3 770 万公顷，增加粮食产量 3 300 万吨，减少氮肥用量 120 万吨，增收节支 793 亿元。对我国 1 944 个县的 860 万农户大样本调研发现，绝大多数农户的作物产量至少低于绿色增产增效技术的 10%，部分农户甚至低于 50%，但施氮量却与高产作物的推荐量相当，甚至更高。这些农户（包括低产或高产但氮肥用量高的农户）如果采用绿色增产增效技术，每年可增加粮食生产 8 240 万吨，减少氮肥用量 110 万吨，降低氮素损失达 45 万吨，减少温室气体的排放量为 2 340 万吨。为中国农业绿色发展树立了榜样，也为全球可持续集约化现代农业的发展提供了范例。

（二）种养循环型：浙江三级生态循环农业模式

2015 年，浙江成为全国唯一现代生态循环农业试点省，以实现产业循环和废弃物循环利用为重点，在衢州、丽水、湖州 3 个市（41 县）整建制推进现代生态循环农业，建设绿色发展先行区，完善构建了“主体小循环、园区中循环、县域大循环”的 3 级循环利用体系（图 3-2），浙江省畜禽粪便、农作物秸秆、食用菌种植废弃物、废弃农膜综合利用率分别达到 97%、92%、90% 和 89%。

1. 主体小循环

这是单个经营主体在自己的经营单元内建立生态循环链，使物质、能量顺畅流动、转换。浙江农民自古以来就有桑基鱼塘、水旱轮作、套种间作、稻田养鱼养鸭的经验，自种养大户、家庭农场等新的农业主体涌现以来，纷纷将农牧渔结合的生态循环链拉长，各地出现“稻、萍、鱼、鸭立体种养”“猪、羊—沼气—粮、蔬、果”“猪—蚯蚓—甲鱼—肥料—粮、蔬、果”等多种模式。有些家庭农场兴办农副产品及废弃物的加工，打造出“种—养—加”循环产业链。

2. 园区中循环

把农牧渔生产的各环节、各经营单元集中到一个区域，连接上中下游产业链，形成循环圈。面积一般在 5 000 亩以上，包含多个经营主体，在企业之间、产业之间构成循环链条。萧山区江东生态循环农业园有种植、养殖、水产 3 个主导产业，各类企业分别承担农作物秸秆综合利用、畜禽粪便及病死畜禽无害化处理、沼液收集配送、有机肥加工、农药包装物回收等事务，实现园内物质流动的定向化。园区集合农业企业 119 家，秸秆综合利用率 95%，养殖企业年消纳秸秆 1.84 万吨，年处理病死畜禽 5 840 吨。建成有机肥加工点 2 家，年产商品肥 5

图 3-2 浙江省主体小循环、园区中循环、市（县）域大循环农业绿色发展模式（1）

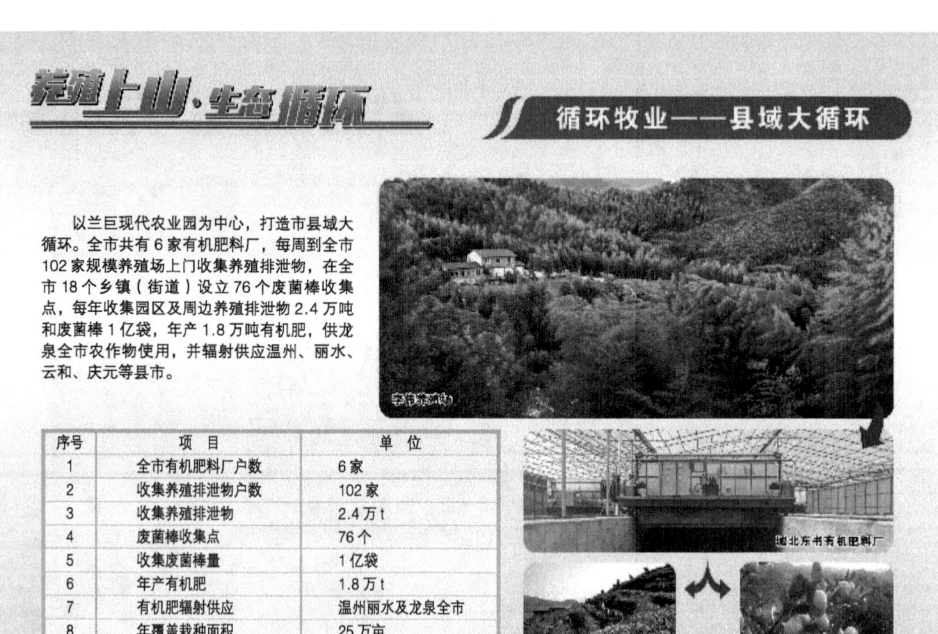

序号	项　目	单　位
1	全市有机肥料厂户数	6 家
2	收集养殖排泄物户数	102 家
3	收集养殖排泄物	2.4 万 t
4	废菌棒收集点	76 个
5	收集废菌棒量	1 亿袋
6	年产有机肥	1.8 万 t
7	有机肥辐射供应	温州丽水及龙泉全市
8	年覆盖栽种面积	25 万亩
9	年减少化肥量	1 260 t
10	增加经济效益	1 200 万元

图 3-2　浙江省主体小循环、园区中循环、市（县）域大循环农业绿色发展模式（2）

万吨。收集园区内 16 家规模畜禽场的粪便制沼气，年配送沼液 1.5 万 t，收集处理农药包装物 3 t，实现原料、能量、废弃物的多级循环利用。

3. 县市大循环

将一个县（区）乃至一个地级市作为整体，统筹区域内的自然禀赋与经济资源，各生产者在生态整合与产业共生中找准切入点，充分利用资源，变废弃物为产品，形成“自然资源—产品与用品—再生资源”的生态产业圈。区域大循环比中循环、小循环更需要农林研究院所的策划、指导。遂昌县拥有大面积竹林，浙江农林大学派 11 名科技特派员和实习的师生，助力遂昌发展竹碳产业、竹材加工、林下养殖、林下套种中药材。全县参与碳汇交易的竹林 12 万亩，农民收益后愈发爱护山林。在浙江农林大学的指导下，林下袋式种植三叶青药材喜获成功，每亩竹林一年净收益 1 万元。

如果说小循环和中循环主要依靠农业经营主体发力，那么，县、市级的大循环则更多地发挥了政府的责任主体作用。省财政资助衢州、丽水、湖州 3 个地级市及 41 个县实施循环在农业主体内部建立大力推广应用种养配套、废弃物循环利用等模式，实现主体小循环农业，区域面积占全省总面积的43%，建成现代生态农业示范区110个，示范主体1 000个、生态牧场1万多个。2014年斥资在21个县（市、区）开展农药农膜化肥等废弃包装物回收处置，2017年在全省所有县乡（镇）推开，确保农业生态安全。

（三）农林复合型："北大荒""农林水"一体化模式

"北大荒"农业现代化从2010年开始已领先全国其他地区贯彻落实绿色发展理念，胡鞍钢对"北大荒"的农业发展历程与实践进行了探索，将"北大荒"界定为中国绿色农业的先行者、示范者和领先者。北大荒农业绿色发展模式是基于绿色发展理念，以完善绿色农业布局为主线、建设绿色林业为保障、发展绿色水利为支撑，加强"农林水一体化"建设，形成低碳农业、生态水利、保护森林、草场、湿地等绿色生态空间，实现保障国家粮食安全、民生食品安全和生态屏障安全的绿色发展目标。

1. 绿色农业建设：构建绿色产业链循环经济，制定新型工业化发展规划，优化空间布局

1）"北大荒"在构建绿色食品原料基地、绿色食品生产体系、绿色物流营销体系过程中，主要以绿色农业标准建设、质量追溯体系建设和产地品牌建设等机制为依托，通过建立健全农业"绿色产业链"综合体系，制定新型工业化发展规划，优化空间布局。

2）构建绿色产业链循环经济。北大荒农场创新"农业—工业—能源—人居环境—生态旅游"全产业链的循环经济和清洁生产机制，推广"农—畜—沼—肥—农"和"农—秸秆（稻壳）—燃气（发电）—灰渣肥—农"等循环新模式，建立农业生物技术研发中心、生物有机肥料、生物农药生产基地、土壤修复技术核心示范区、秸秆综合利用中心、沼气工程推广中心等新兴产业，推动"绿色产业链"向更高层次发展，以取得较好的经济效益、社会效益和生态效益。

3）制定新型工业化发展规划，优化空间布局。在安全食品原料基地布局方面，规划到2020年，实现100%覆盖的绿色农产品种植和绿色畜禽产品养殖。在安全食品加工体系、物流营销体系的布局上，创新"北大荒集团—民营企业—合作组织"机制，发挥产业集群效应，建成多个绿色园区，规划绿色物流体系、完善绿色营销配送体系。

2. 绿色林业建设：增加林业效益，构建生态屏障

1）在自然生态资源保护方面，北大荒已建成各级各类自然保护区 21 个，保护地 130 个，总面积达 75.33 万 hm^2，占垦区面积的 13.49%。同时，响应国家对湿地保护的要求，北大荒成立了湿地管理办公室，编制并呈报了垦区退耕还湿规划和湿地保护规划，向国家申报了挠力河湿地自然保护区建设项目，洪河自然保护区纳入全省两个退耕还湿试点单位之一，垦区受保护湿地面积已达 27 万 hm^2，形成了以洪河、挠力河、兴凯湖及哈拉海为重点的湿地保护区。

2）在建设民生林业方面，家庭林场发展到 1.7 万个，民营苗圃达 100 多个，育苗 0.25 万 hm^2，年产苗 2.5 亿株，经济林 0.8 万 hm^2，蔬菜葡萄大棚 433.3hm^2，水果产量超 2.5 万 t，食用菌 6 500 万袋，年产干品 2 000 t 以上，中草药 0.8 万 hm^2，人工种植山野菜 0.5 万 hm^2，特禽养殖 21 万只，林业综合产值达 20 亿元以上，新增就业 5 万余人，使林业产业继续保持 30% 的增速。此外，北大荒林业建设更加重视多样化、生态效益和美观性，依托绿色小城镇建设，打造现代农业、湿地风光等多种生态旅游线路，为其进一步发展生态旅游等产业奠定基础。

3）为农业现代化提供生态屏障。北大荒通过田间林网建设，形成保护农业现代化的生态屏障。农田林网化率达到 95%，建成 7 万条林带，4 万余个网格，农区森林覆盖率 18.2%。田间林网建设的全面覆盖，发挥了防风护堤、水土保持、改善小气候等积极效果，有力保障了北大荒农业现代化。据测算，在农田防护林的作用下，小麦平均增产 12.4%，大豆平均增产 12.6%，风速减慢 48%，气温提高 0.8% ～ 3.6%，蒸发量减少 7.5%，土地含水量增加 3.8% ～ 4.3%，绝对湿度提高 2.3% ～ 4.9%，降水量提高 5.1%。

3. 绿色水利建设：初步建成了防洪、除涝、灌溉和水土保持四大工程体系，破解地下水资源“瓶颈”

1）在防洪除涝工程建设方面，先后完成了规划内 37 座重点中小型病险水库的除险加固，防洪除涝骨干体系基本形成。中华人民共和国成立以来，累计建成堤防 2 878km，堤防保护耕地 89.8 万 hm^2。治理主要涝区 102 处，达成除涝面积 142.8 万 hm^2，有效提高了农业抗御水旱灾害的能力。

2）在灌溉工程建设方面，中华人民共和国成立以来，累计有效灌溉面积达到 173.3 hm^2，占耕地总面积 61%。累计达成地表水灌溉面积 28.7 万 hm^2，旱田节水灌溉面积 24.1 hm^2，20 世纪 90 年代后期开始，先后开展了 4 处大中型灌区续建配套工程建设，启动了 8 处大型灌区工程，建设了 13 处节水增效示范项目和一大批旱田节水灌溉工程。

3）从水土保持生态工程建设来看，近年来，垦区每年投入 5 000 余万元用于水土保持生态环境建设，多年来累计完成投资 4.52 亿元。累计治理水土流失面积 38.9 万 hm^2。在农村饮水工程建设方面，2003 年起，农村饮水工程列入国家计划，先后开展了农村饮水解困和安全工程建设，累计下达计划投资 2 亿元，解决了 40.84 万人的饮水安全问题，维护了人民群众的切身利益。

4）破解地下水资源“瓶颈”。面对地下水资源局部超采的“挑战”，北大荒启动实施“节水增粮行动”，加快建设节水型低碳农业，通过一系列新技术的引进、示范和推广，将信息化、自动化与循环经济结合起来，充分提高水资源利用效率；同时，通过大型地表水灌区建设，实现地表水资源对地下水资源的置换，逐步实现地下水资源赤字向地下水资源盈余转变。具体措施如下。

第一，大力实施地表水灌溉工程，全面推广“浅、湿、干”灌溉和积极引进水田节水控灌技术，加快旱田节水灌溉工程建设。一是累计达成地表水灌溉面积 28.7 万 hm^2，地表水利用量增长到 24.8 亿 m^3。2009 年启动了三江平原四大灌区工程建设，江水灌溉面积由 2011 年的 1 万 hm^2 增加到 2014 年的 23.3 万 hm^2。2020 年江水灌溉面积将进一步增加到 47.7 万 hm^2，每年可引入地表水 52.9 亿 m^3，减少地下水开采 20 亿 m^3 左右，可为三江平原 14 万 hm^2 湿地补水 3 亿 m^3。二是落实水田节水控灌推广面积 13.3 万 hm^2，井灌水田亩均用水量由 2000 年的 450m^3 减少到 340m^3，实现年节水 2.16 亿 m^3，取得了良好节水增产效果。三是以大型喷灌为重点，启动了“节水增粮行动”项目，累计达成旱田节水灌溉面积 24.1 万 hm^2。

第二，建三江管理局创造性地在平原区大规模开展了拦蓄地表水工程建设，利用现有排涝体系，修建节制闸，拦蓄地表水工程“排、蓄、灌、养、观光”相结合，拦蓄利用地表水 3.5 亿 m^3，可对 6.7 万 hm^2 水稻进行灌溉，有效降低抽水成本、增加粮食产量，获得良好的经济效益和生态效益。并力争用 3—5 年的时间拦蓄利用地表水的 30%。

绿色发展进程综合实现程度从 2010 年的 50.46% 进一步达到 67.23%，2050 年北大荒将完成农业现代化的全面绿色转型（表 3-1）。北大荒农业现代化的绿色发展道路的探索，作为中国农业现代化的绿色发展道路的缩影，既是中国农业现代化绿色转型的历史责任，更是支撑中国现代化绿色发展的重要任务。

表 3-1 2010—2047 年北大荒农业绿色发展进程

准则层	指标层	2010 年	2015 年	2020 年	2047 年
经济效益	万元 GDP 能耗（t/ 万元）	0.96	0.85	0.74	0.4
	万元 GDP 水耗（m^3/ 万元）	1 015	611	348	31
	灌溉水有效利用系数	0.53	0.56	0.6	0.67
	可再生能源消费比重（%）	10	17	20	35
	实现程度（%）	38.1	46.1	52.41	100
社会福利	无公害农产品产地认定面积（万 hm^2）	223.33	266.67	320[a]	400[a]
	无公害农产品认证产品（个）	501	760	1 150[a]	1 500[a]
	绿色食品监测种植面积（万 hm^2）	141.07	170.67	266.67	286.67
	绿色食品认证产品（个）	257	360	500	800
	有机农产品认定面积（万 hm^2）	14.4	16	20	133.33
	有机农产品认定产品（个）	187	300	350	500
	城镇化率（%）	72.3	90	92	93
	实现程度（%）	38.62	50.57	63.61	100
生态财富	城镇绿化覆盖率（%）	35	38	40	45
	森林覆盖率（%）	18.2	20	20.3	21
	水土流失面积占比（%）	16.8	15.3	14[a]	10[a]
	实现程度（%）	74.66	81.68	85.66	100
	综合实现程度（%）	50.46	59.45	67.23	100

资料来源：结合《黑龙江垦区统计年鉴》《黑龙江垦区现代化大农业规划纲要（2011—2047）》，可整理得到 2010—2015 年北大荒农业现代化的绿色发展评价指标参数值。同时，参考《黑龙江垦区现代化大农业规划纲要（2011—2047）》，可估算得到 2020—2047 年北大荒农业现代化的绿色发展评价指标值。a为作者估算的数据。资料来源：吴丹等，2017.

三、国外农业绿色发展典型模式

早在 20 世纪 60 年代，随着城市化进程的加快，西方发达国家整合农耕文化，农业绿色发展成为一种潮流，逐步实现农业由传统粗放型农业向现代精细型农业的转变。至 20 世纪 90 年代，有机农业在荷兰、德国、英国等国家作为一种新兴发展模式迅速发展，农业形式逐步由现代农业向绿色农业发展，在随后的几十年中，创意农业在世界各国取得了较快的发展。

（一）法国：环保生态功能模式

法国农业较为注重环境保护，种植作物多为大田作物，在改善农业经营生产方式的同时更加关注农业和环境的协调发展，其次，把农业的发展和城市规划相结合，在污染的工厂、公路两旁多设有大型农业生产园对空气进行净化，对环境进行美化。法国农业发展模式更加关注城市环境的可持续发展，实现经济效益、生态效益和社会效益的统一。

（二）德国：社会生活功能型模式

德国农业绿色发展以休闲农庄和市民庄园为主要形式，天然形成的林区和草地成为农民修建休闲农庄的最佳场地，森林不仅是游客认识森林、休闲娱乐的场所，更是学生学习科普知识和接受教育、企业团队培训的胜地。慕尼黑独特的“骑术治疗项目”及“绿腰带项目”成为都市人们放松的休养之地，绿腰带指的是没有覆盖建筑物的位于城市以外的土地，除发展农业之外，还建立生态发展区，加强文化休闲场所的建设，包括“干草方案”，即遍地种满鲜花给人视觉上的享受，吸引游客郊游、踏青；“菜园方案”，即满足都市人拥有自己的菜园，享受自然，享受劳动乐趣的愿望等。

（三）荷兰：高科技创汇型模式

荷兰农业绿色发展是通过高科技促进农业发展的创意农业。加强农业科技创新研究，集约生产经营花卉、蔬菜及奶制品，使其人均农产品出口创汇居世界榜首，成为世界创意农业的典范。荷兰发展农业更加重视科技的作用，无论是新技术、新工艺、新产品都加大科技的研发力度和投入力度。荷兰的园艺业和畜牧业的发展，小到每一个生产环节，大到整个产业链无时不在体现着“科学技术是第一生产力”的制胜法则。

（四）日本：多功能致富型模式

日本的一项民意调查显示，超过四成的日本市民愿意到农村居住，超过一成的市民愿意从事农业生产经营活动。从 1993 年起开始推进的“农山渔村休闲余暇”活动，绿色观光农业成为日本国民生活的一种新方式被逐步宣传推出。1994 年，“农山渔村余暇法”开始实施，日本政府积极采取措施积极推进农林渔业民宿体验的登记制度。日本绿色观光农业可以分为以下四大类型。① 农林业公园型，主要为都市近郊的农林主体公园，包括观光农业公园、林业体验和野营公园等。② 饮食文化型，即利用农林水产资源产品进行餐饮零售，提升当地土特产品的品牌化。主要有农林水产品的早市、直卖、配送和直销业务、土特产品的加工和销售以及农村的便利餐馆等。③ 农村景观观赏和山野居住型，主要是在山区和半山区的村落建造住宅区和附带农园的别墅，吸引城市居民来此购房居住和观赏山景，这有利于传统农村景观的保护。④ 终生学习型，主要是从二三产业回归从事农业的城市居民，他们在农村相关设施中参加以农林水产品生产和农村环境保护为主题的农林水产业研修课程、体验农村生活和学习生态环境保护知识等。日本现已有 4 590 个休闲农园，以农业为主体，将第二产业（制造业）和第三产业（旅游业、通信业、餐饮业、服务业等）相关产业和农业融合，创造出“1+2+3”的产业模式，即“第六产业”创意农业模式。“第六产业”的优势就是勇于打破产业隔阂，使产业之间的分界线更加模糊，通过产业间的相互融合能够激发农业发展的巨大潜力，提升第二产业的活力，发挥第三产业的创造力，着力打造设施农业、绿色农业、科技农业、旅游观光农业，深入挖掘农业的多样性功能。

第四章

农业绿色发展成本增量分析

当前，国家正在实施乡村振兴战略，推动农业农村高质量发展，在此背景下，全国各地掀起了农业绿色发展浪潮，但是，较我国农产品生产供应规模总量，绿色农产品比重依然较小，仍处于辅助地位，农业生态产品更成为稀缺资源。农业绿色发展尽管基础较好，但现阶段依然缓慢，绿色农业发展进程中，增量成本成为其全面推广的主要障碍，亟待解决。因此，客观合理界定农业绿色发展成本增量范围并深入探讨其主要影响因素，对于农业绿色化和提升农业竞争力有重要指导价值。

一、成本增量概念

（一）基本概念

计算成本增量首先需要明确成本增量的概念。经济学中，成本增量是指在现有技术和生产水平条件下，生产或经营主体增加特定产品产出量（容量或业务量）而导致的成本增加额。作为农业绿色发展和绿色农产品价格制定决策时重要的成本概念，成本增量强调只限于与决策有关联的项目。按此原则，本研究以绿色农产品为核心，将农业绿色发展成本增量（Increment Cost in Life Cycle，ICLC）定义为：以绿色农产品和生态服务产品生产为目标，产品符合我国绿色农产品质量标准体系和分级体系要求，同时在农产品生产、流通与消费过程中，因选择和维护清洁化产地环境，选择节药节肥与绿色投入品利用、节水与水资源利用、节能与能源利用、产地环境质量监测管理技术措施而增加的成本。一般来说，农业绿色发展成本增量是指为向市场生产与供给绿色优质农产品和农业生态产品，实施不同于常规农业的绿色农业技术而造成的投资增加量，实际上，通常用农业绿色发展成本总额减去常规农业成本总额来计算农业绿色发展成本增量。在具体应用和实际操作上，本研究以绿色农产品为例，以市场上供应数量最多的常规农产品作为基准，得到我国无公害农产品、绿色农产品与有机农产品相对于常规农产品的成本增量。

（二）成本增量构成

农业绿色发展最终形成绿色农产品和农业生态产品，两类产品如果全生命周期的阶段划分不同，内容构成也就不同，为了便于更深入理解农业绿色发展成本增量构成，鉴于我国绿色农产品的特征，结合我国当前绿色农产品全生命周期不同阶段划分情况，本研究将农业绿色发展全生命周期划分成 4 个阶段，即规划设计阶段、生产加工阶段、储藏流通阶段和农业生态环境管理阶段，四个阶段所产生费用环节及其表征见表 4-1。

表 4-1　基于全生命周期的农业绿色发展成本增量构成

生命周期阶段	产生费用环节	表征
规划设计阶段	1. 前期可行性研究费用	$IC_{可研}$
	2. 绿色生产规划环境影响评价费用	$IC_{环评}$
生产加工阶段	3. 节水与水资源利用	$IC_{节水器具}$、$IC_{节水灌溉}$
	4. 节肥与有机肥利用	$IC_{精量练肥}$、$IC_{测土配方}$、$IC_{有机肥}$
	5. 节药与绿色防控	$IC_{节药机械}$、$IC_{绿色防控}$
	6. 节能与新能源利用	$IC_{节能设备}$、$IC_{可再生能源}$、$IC_{节能照明}$
储藏流通阶段	7. 绿色包装	$IC_{绿色包装}$
	8. 绿色农产品检测与认证	$IC_{绿色认证}$
	9. 绿色农产品宣传而开展专门的绿色营销	$IC_{绿色营销}$
农业生态环境管理	10. 农业产地生态环境检测监测	$IC_{检测监测}$
	11. 农业环境污染治理、生态恢复支出	$IC_{治理恢复}$
	12. 农业废弃物分类收集费用	$IC_{分类收集}$
	13. 农业废弃物资源化再利用	$IC_{再利用}$

（三）成本增量特征

1. 复杂性

农业绿色发展成本增量要求从全生命周期各个阶段，包括生产、经营、运输与销售等全过程、全方位、全产业链梳理成本增量，所以，农业绿色发展成本增量本身具有全生命周期特性，农业绿色化成本组成更加复杂，需要从全生命周期开展多过程、多要素和多环节考量。

2. 关联性

农业绿色发展的成本增量各组成部分之间关联性较强，这主要是由于绿色技术集成而造成。例如，水肥一体化技术，将同时降低节水与水资源利用以及节肥与有机肥利用两个环节的成本增量。全生命周期视角下，农业绿色发展的各阶段的成本增量彼此关联，生产阶段的投入品使用量与产地生态环境治理两个环节表现尤为明显，生产阶段，投入品资源利用率高、总量小，则产地生态环境污染小，后续田间环境治理、生态修复所产生的成本也会大幅度减少。因此，农业绿色发展的成本增量各部分系统性强，各部分互相关联、互相影响，体现出农业绿色发展成本增量间的关联性。

3. 灰色性

分析、识别和量化农业绿色发展成本增量，一方面需要甄别显性的、外在的、易量化的成本增量，另一方面也要筛选隐形的、内在的、不易量化的成本增量，农业绿色发展的环境和社会成本中存在很多难以量化的、隐形的费用消耗，在设计成本增量时，应尽量使外在成本内在化，并纳入农产品成本核算中，形成农业绿色发展的绿色成本。

4. 递减性

农业绿色发展成本增量既可以为正值也可以为负值。“十二五”以来，农业绿色发展从顶层设计层次、生产与市场供应、绿色生态技术选择、成本总量控制等多方面都相对成熟完善，在长期的生产、经营过程中，绿色生态技术、新材料与精细化管理直接节约了生产资料，降低了管理运营费用。随着国家农业绿色发展转型，低成本增量技术及其产品，甚至零成本增量技术及其产品相继出现，且会越来越多，高成本增量技术及其产品使用会逐渐退出农业生产，使得农业绿色发展成本增量幅度将逐渐降低，最终使得农业绿色发展成本增量呈下降态势，甚至全生命周期成本显著优于普通农产品。

二、成本增量影响因素

采用全生命周期评价方法分析，有利于发现农业绿色发展成本增量的关键制约因素，不同因素造成的成本增量差异明显，这种多因素的异质化作用导致成本增量解析的复杂性。在国家推进农业绿色发展转型背景下，很有必要加强识别与甄选其成本增量的影响因素，为全生命周期农业绿色发展成本的量化核算奠定基础。

（一）质量定位对成本增量的影响

市场质量定位和商业动机对绿色农产品成本增量影响非常明显，市场质量定位基本可分为偏重达标型和追求高质型。偏重达标型是将绿色发展定位于我国食品质量体系的最低端，种植、养殖、渔业等生产经营主体单纯以国内无公害食品认证为目标，只要满足无公害食品标准即认为实现农业绿色发展。追求高质型是生产经营主体为了提高和保持突出的品牌竞争力和市场领先优势，以国内国际有机或绿色食品标准认证为目标，不仅考虑增加农产品附加值，还不断提升产地环境生态服务功能，发展多功能农业，实现农业价值最大化。一般来说，绿色农产品质量等级标准越高，其认证标准越高，相应地，成本增量也随之增加。绿色农产品定位不同，选择的质量认证标准也不同，绿色农产品评价的要求及规则也会不同，导致成本增量差异较大，如表 4-2 所示。另外，欧盟和美国食品认证体系费用要比国内食品认证体系的费用高，不同认证体系也会增加绿色农产品成本增量。

表 4-2　不同标准的绿色农产品平均成本增量比较

农产品等级	平均成本增量比例（%）
普通农产品	对照
无公害农产品	15
绿色农产品	20
有机农产品	40 ～ 45

（二）绿色技术对成本增量的影响

农业绿色发展为了满足绿色优质农产品品质目标，需要达到“三品”行业标准要求，相比普通农产品，在全生命周期各环节中，较多采用和适时增加绿色化、减量化、循环化的生产技术和模式，在不同程度上会增加农业绿色发展成本。据研究，农业绿色发展的生产过程中，绿色优质农产品的成本增量主要来源于要满足“产地环境质量”的指标要求，产地环境管理、生态培育与资源利用与管护技术一定程度上决定了农业绿色发展成本增量的高低。另外，在农业绿色发展的生产过程中，绿色投入品利用技术会增加或降低成本增量，最后依次为节水、节药、节肥和节能技术措施。

（三）生态本底对成本增量的影响

目前，全国各地都关注并推行农业绿色发展，各地区都布局了优势特色绿色农产品生产。然而，不同区域生态本底和资源禀赋千差万别，生态本底优质地区，农业绿色发展生产过程的成本增量则较低，反之，生产过程的成本增量较高。一般地，产地生态环境优良的地区，绿色农产品成本增量相对较小，而产地生态环境较差的地区，成本增量相对较高。另外，区位条件不同，生态本底也会呈现出差异化，单位面积的土地生态系统服务价值不同。研究表明，生态区位生态系统服务总价值从远郊区到近郊区再到城区依次降低。因此，城郊地区绿色农产品的成本增量会高于农村地区。

（四）利益主体对成本增量的影响

绿色农产品的产业链条上，管理部门、企业、农户和消费者与农业绿色发展息息相关，农业绿色发展成本强调的是一定利益主体的耗费，这些利益主体的差异往往代表着不同的利益目标和利益诉求。因此，利益主体对成本增量往往产生明显的直接影响。为了推进农业绿色发展和绿色生活消费方式，管理部门会采取针对性的管理措施和激励惩罚政策，这些相关政策、标准、制度的完善与否会影响不同利益主体的积极性和主动性。农业绿色发展过程中，农户和企业作为绿色农产品的重要生产经营主体，直接关注农业绿色化经济效益，比如，他们会在保证绿色农产品质量与等级的前提下，使绿色农产品的成本增量不断降低。另外，绿色农产品标准越高，贮藏、时效、损耗等物流环境和效率要求就越高，绿色流通主体介入会相应增加成本增量，消费者则更多关注绿色农产品的性价比，对其成本增量情况并不在意。

三、成本增量的量化

农业绿色发展过程中，以绿色农产品为核心考量，全生命周期可划为：规划设计、生产加工、储藏流通、农业生态环境管理等 4 个阶段。因此，基于全生命周期进行成本增量分析，需要从规划设计阶段、生产加工阶段、储藏流通阶段、农业生态环境管理阶段进行甄别和量化。

（一）规划设计阶段

农业绿色发展首先需要制定顶层设计，即开展规划设计，该阶段成本增量主要围绕绿色农产品和生态服务产品供给开展的方案决策咨询费用，主要有：项目发展规划、项目建议书以及项目可行性研究报告等费用 $IC_{可研}$，绿色生产规划环境影响评价费用 $IC_{环评}$，土地、能源等方面的费用不涉及。为此，全生命周期中，规划设计阶段的成本增量 $IC_{规划设计}$，由式 4-1 表示：

$$IC_{规划设计}=IC_{可研}+IC_{环评} \quad （式 4-1）$$

（二）生产加工阶段

农业绿色发展，生产加工是重要的生产环节，该阶段是形成绿色农产品实体的过程，也是资金投入最集中的一个阶段。本书对生产加工阶段的成本增量研究，具体从节水与水资源利用、节肥与有机肥利用、节药与绿色防控、节能与新能源利用等 4 方面来量化。

1. 节水与水资源利用成本增量

农业绿色生产加工过程中，节水措施在满足农产品产地初加工、精深加工正常供应基础上，综合利用各种水源，并制定完善的水资源收集、储存、输送设计方案和排布使用管道设施，在此过程中产生的成本增量主要为以下三个方面。

（1）节水器具和设备成本增量

农业绿色生产加工过程中，所有地区均应考虑采用节水器具和设备进行灌溉，不同地区的节水灌溉措施应该因地制宜，对节水器具和设备的利用，导致设备投资的增加，其成本增量为 $IC_{节水器具}$。

（2）节水灌溉技术成本增量

节水灌溉技术采用了智能化设施系统对绿色农业基地进行定时定量灌溉，这些智能系统的使用会产生一定的增量成本为 $IC_{节水灌溉}$。

因此，绿色农产品节水与水资源利用的成本增量如式 4-2：

$$IC_{节水}=IC_{节水器具}+IC_{节水灌溉} \quad （式 4-2）$$

2. 节肥与有机肥利用成本增量

（1）精量施肥设备的成本增量

农业绿色生产过程中，采用包括精量施肥设备、水肥一体化设备等高效用能设备和系统，引起增量成本的支出为 $IC_{精量施肥}$。

（2）测土配方施肥技术应用的成本增量

农业绿色生产过程中，需要测土配方施肥，土壤、作物和籽粒样品采集以及理化性质测试、配肥站建设都会导致增量成本，测土配方施肥技术应用引起的成本支出为 $IC_{测土配方}$。

（3）有机肥替代化肥的成本增量

农业绿色生产过程中，需要施用大量有机肥培肥和改良土壤，在提高土壤有机质含量同时，有效提升绿色农产品质量，有机肥内部生产、购买、施用等导致的增量成本为 $IC_{有机肥}$。

因此，节肥与有机肥利用的成本增量如式 4–3：

$$IC_{节肥}=IC_{精量施肥}+IC_{测土配方}+IC_{有机肥} \quad （式 4–3）$$

3. 节药与绿色防控技术利用成本增量

（1）高效节药植保机械成本增量

农业绿色生产过程中，为了提高农药利用率，推广自走式喷杆喷雾机、无人机、精量喷雾等高效节药植保机械，替代跑冒滴漏的落后机械，导致增加的成本为 $IC_{节药机械}$。

（2）绿色防控技术成本增量

推广应用农业防治、生物防治、物理防治等绿色防控技术，大力推广遮阳网、防虫网、频振式杀虫灯、黑光灯、银灰色反光膜等，能大大减少农药用量，降低用药成本，减少农业面源污染。推广使用生物农药、高效低毒低残留农药，替代低效高毒高残留农药品种，导致增加的成本 $IC_{绿色防控}$。

因此，节药与绿色防控技术应用的成本增量如式 4–4：

$$IC_{节药}=IC_{节药机械}+IC_{绿色防控} \quad （式 4–4）$$

4. 节能与能源资源利用成本增量

（1）使用高效用能设备的成本增量

农业绿色生产过程中，采用包括节能农业耕种收机械、植保机械、加工机械、温室节能高效的加热设施等高效用能设备和系统，引起增量成本的支出为 $IC_{节能设备}$。

（2）可再生能源成本增量

农业绿色生产过程中，农产品烘干、废弃物处理、生活用能等需要充分利用可再生能源利用及其互补利用，如太阳能（太阳能集热器）、生物质能、地热能、生物质光能互补等，其增量成本为 $IC_{可再生能源}$。

（3）节能照明系统成本增量

农业绿色生产加工过程中，设施农业中，由于节能灯具、补光光源需要考虑到照明系统，其照明系统耗能比重也较大，会增加一定的成本 $IC_{节能照明}$。

因此，节能与能源资源利用而引发的成本增量 $IC_{节能照明}$如式 4–5：

$$IC_{节能}=IC_{节能设备}+IC_{可再生能源}+IC_{节能照明} \quad （式 4–5）$$

（三）储藏流通阶段

绿色农产品在绿色储藏流通过程中产生的成本增量，指围绕绿色农产品经营、运输和销售而展开的相关费用，主要包括：绿色包装费用 $IC_{绿色包装}$，绿色农产品检测与认证费用 $IC_{绿色认证}$，为绿色农产品宣传而开展专门的绿色营销费用 $IC_{绿色营销}$。

因此，绿色农产品储藏流通阶段的成本增量 $IC_{储藏流通}$，由式 4–6 表示：

$$IC_{储藏流通}=IC_{绿色包装}+IC_{绿色认证}+IC_{绿色营销} \quad （式 4–6）$$

（四）生态环境管控阶段

农业生态环境管理为农业绿色化全生命周期成本管理的重要环节，是农业绿色发展的重要保障，主要工作为产地和田间生态环境保护以及农业废弃物分类、收集与利用，因为农产品包装废弃物进入生活垃圾处理系统，这里所述废弃物主要包括：农业生产过程中产生的有机废弃物和生产资料包装废弃物。该阶段的成本增量 $IC_{生态环境}$主要包括产地和田间生态环境检测监测带来的新增费用 $IC_{检测监测}$，以及污染治理、生态恢复而支出的费用 $IC_{治理恢复}$，农业废弃物分类收集费用 $IC_{分类收集}$和资源化再利用费用 $IC_{再利用}$，由式 4–7 表示：

$$IC_{生态环境}=IC_{检测监测}+IC_{治理恢复}+IC_{分类收集}+IC_{再利用} \quad （式 4–7）$$

$C_{规划设计}$、$C_{生产加工}$、$C_{储藏流通}$和 $C_{生态环境}$构成了基于全生命周期的农业绿色发展成本增量 ICLC（详见图 2），其计算公式如式 4–8：

$$ICLC=C_{规划设计}+C_{生产加工}+C_{储藏流通}+C_{生态环境} \quad （式 4–8）$$

采用全生命周期分析方法，对全过程、全产业链的增量成本进行科学划分、识别，并分阶段进行量化，并给出计算公式，便于抓住关键环节，合理管控增量成本，实现农业绿色发展目标。

四、农业绿色发展成本增量结论

在农业绿色发展大势下，要以绿色农产品为重心，提出了农业绿色发展全生命周期的四个阶段，即规划设计阶段、生产加工阶段、储藏流通阶段和生态环境管控阶段，明确了农业绿色发展成本增量的内涵及其计算方法，详细分析了农业绿色发展成本增量具有的复杂性、关联性、灰色性和递减性等特征。另外，要识别出农业绿色发展成本增量的主要影响因素，包括质量定位、技术措施、生态本底和利益主体，并进行了关联分析，最后，基于全生命周期方法，从规划设计、生产加工、储藏流通、环境管理 4 个阶段，对农业绿色发展成本增量的组成进行全过程识别和量化，全生命周期增量成本细分有利于直观把握和计量绿色农业的增量成本，有利于农业绿色化全生命周期成本增量的阶段控制和管理，为构建绿色农产品和农业绿色发展成本共担机制提供理论依据，推动我国绿色生态为导向的农业补贴制度改革和建立市场化多元化生态补偿机制。

第五章
衢州农业绿色发展背景与意义

一、发展背景

（一）农业绿色发展已上升为国家战略

随着工业化、城市化的快速推进，农业受到越来越突出的环境压力和资源制约，保障农产品有效供给、促进农民增收、实现可持续发展，更加依赖有限资源的节约、高效、循环利用，依赖生态环境的保护和改善。2016 年中共中央、国务院发布《关于落实发展新理念加快农业现代化实现全面小康目标的若干意见》，“农业绿色发展”首次写入中央一号文件，进一步指明了我国农业现代化的转型发展方向，即调整农业发展路径，转向绿色轨道。2017 年 9 月，中共中央办公厅、国务院办公厅联合印发了《关于创新体制机制推进农业绿色发展的意见》，提出要坚持以空间优化、资源节约、环境友好、生态稳定为基本路径，坚持以粮食安全、绿色供给、农民增收为基本任务，把农业绿色发展摆在生态文明建设全局的突出位置，全面建立以绿色生态为导向的制度体系，基本形成与资源环境承载力相匹配、与生产生活生态相协调的农业发展格局。

（二）农业绿色发展已成为浙江乡村振兴重要内容

浙江省是一个农、林、牧、渔全面发展的综合性农业大省，有着悠久的农业历史文化。2017 年 3 月，浙江省农业农村厅提出《绿色农业行动计划》，要求建设农业绿色发展强省，在全面构建六大体系的基础上，落实推进粮食绿色增产增效、畜牧业绿色发展、特色优势产业绿色发展、减肥减药节水节能、农业废弃物资源化利用、美丽田园建设、绿色优质品牌农产品供给、绿色生态主体培育、绿色生态技术集成和构建绿色农业发展政策十大举措，到 2020 年，基本实现产业生态布局、生产清洁可控、废物循环利用、产品优质高效、田园整洁优美的现代农业发展新格局，要求浙江省绿色农业发展走在全国前列、成为标杆省份，从而实现农业绿色增产增效增收，推动农业绿化、农村美化、农民转化。

（三）农业绿色发展已作为衢州市政府工作重心

衢州市高度重视农业绿色发展建设工作，把农业绿色发展先行市创建作为乡村产业振兴的“牛鼻子工程”。2018 年 5 月，衢州市委市政府提出《关于构建新时代衢州发展战略体系加快建设“活力新衢州、美丽大花园”的决定》，要求以实施乡村振兴战略为统领，推进农业供给侧结构性改革为主线，以美丽大花园建设为主旋律，全市域整建制推进现代农业高质量发展，完善现代农业产业体系、生产体系、经营体系，推动农业绿化、农村美化、农民转化，把生态优势转化为现代农业产业优势，把美丽环境转化为美丽经济，农业绿色发展走在全省乃至全国前列，与全省同步率先实现农业农村现代化。

二、重要意义

（一）提升衢州农业生态文明建设能力

衢州是浙江省母亲河钱塘江的源头，是浙江省的重要生态屏障。生态衢州——是衢州市经济发展的“金字招牌”，农业绿色发展首当其冲。农业是衢州市的主导产业，针对衢州市农业转型升级及生态环境日益严峻的现状问题，衢州农业绿色发展规划将作出一系列科学有效、生态发展的顶层设计与战略指导，使衢州市农业由注重物质投入与依靠资源为主的资源型产业，转变为既重视物质投入，更重视生态投入的绿色环保型农业产业，以完善的体系、科学的方法改善衢州市农业生态环境，缓解日益紧缺的资源压力，保障农业生产与维护生态文明两者达最优平衡。

（二）提升衢州农业农村高质量发展水平

近年来，我国农产品贸易量迅速增长，主要农产品市场竞争激烈，随着农业资源减少和环境恶化，依靠低廉劳动力和大量农业投入品的农业生产方式已经走到了尽头，传统方式生产的农产品市场竞争力面临新的挑战。另外，产业兴旺是振兴乡村基础，新时代呼唤农业产业高质量绿色发展。规划提出大力发展绿色、安全、高效的高端精品农业，将强有力改善农产品品质，提升衢州市农产品新的市场竞争力和整体农业产业发展水平。

（三）贡献农业农村绿色发展“衢州经验”

“农业绿色发展是农业发展观的一场深刻革命”，社会上普遍对此没有给予足够的重视，导致无论在绿色农业理论层面，还是在绿色农业实践层面，都存在着明显不足，苦于没有抓手。面对农业绿色发展整体严重缺乏新模式、新举措、新动能，衢州市以部市共建农业绿色发展先行市为契机，努力打造国内一流放心农产品供应地、乡村休闲旅游目的地、农业绿色发展创新地，为全国探索出农业绿色发展的衢州经验、衢州样本，作为先行市，引领全国农业绿色发展。

三、研究范围

战略区研究范围为衢州市行政辖区 8 848.4km^2，其中农用地面积为 7 888.0km^2。

四、战略期限

农业绿色发展的战略期限为 6 年，即 2020—2025 年。

五、主要依据

（一）国家层面

1)《国务院关于促进乡村产业振兴的指导意见》(国发〔2019〕12 号)。

2)《资源环境承载能力和国土空间开发适宜性评价技术指南（试用版)》。

3)《中共中央国务院关于落实发展新理念加快农业现代化实现全面小康目标的若干意见》(中发〔2016〕1 号)。

4)《中共中央国务院关于深入推进农业供给侧结构性改革加快培育农业农村发展新动能的若干意见》(中发〔2017〕1 号)。

5)《关于创新体制机制推进农业绿色发展的意见》(中办发〔2017〕56 号)。

6)《关于印发农业绿色发展技术导则（2018—2030 年）通知》(农科教发〔2018〕3 号)。

7)《中共中央国务院关于实施乡村振兴战略的意见》(中发〔2018〕1 号)。

（二）浙江省层面

1）《浙江省现代农业发展“十三五”规划》（2016—2020年）。

2）《浙江省现代生态循环农业发展“十三五”规划》（浙农计发〔2016〕17号）。

3）《浙江省乡村振兴战略规划（2018—2022年）》。

4）《浙江省生态环境保护“十三五”规划》（浙政办发〔2016〕140号）。

5）《浙江省农业可持续发展规划（2016—2025年）》。

6）《关于印发浙江（衢州）“两山”实践示范区总体方案的通知》（浙政办发〔2018〕7号）。

7）《关于再创新体制机制新优势高水平推进农业绿色发展的实施意见》（浙委办发〔2018〕64号）。

（三）衢州市层面

1）衢州市构建现代农业高质量发展体系行动计划的通知（衢政办发〔2018〕95号）。

2）《衢州市土地利用总体规划（2006—2020年）》（2015调整完善版）。

3）《浙江省大花园建设核心区（衢州市）规划》（2018—2022年）。

4）《衢州市国家生态文明建设示范市创建规划》（2018—2025年）。

5）《衢州市大花园建设行动纲要》（衢委发〔2018〕7号）。

6）《关于加大力度支持民族乡村加快发展的实施意见》（衢政办发〔2018〕90号）。

7）《衢州市构建现代农业高质量发展体系行动计划》（衢政办发〔2018〕95号）。

8）《衢州市统计年鉴》（2015—2018年）。

第六章

衢州农业基本情况与条件分析

一、资源禀赋和环境条件优越

（一）交通条件便利，区位优势突出

衢州市（东经 118° 01′～ 119° 20′，北纬 28° 14′～ 29° 30′）作为浙西地区重要的政治、经济、文化中心和旅游城市，是浙、闽、皖、赣四省贸易中心和交通枢纽，辐射效应极为突出（图 6-1）。衢州交通较为便利：一是路网建设日趋完善。截至 2018 年年底，境内共有 4 条国道（其中，2 条国家高速公路）、7 条省道（其中，1 条地方高速公路）、163 条县道、207 条乡道，杭金衢、杭新景高速公路和黄衢南、龙丽温高速公路形成“两横两纵”路网框架。二是高铁引领发展。境内铁路有杭长客专、沪昆铁路，经过龙游、江山等地，九景衢铁路经过开化、常山，杭长客专、沪昆铁路和九景衢铁路在衢州站交汇，人均拥有铁路 0.96 km/ 万人，是浙江省人均拥有铁路的 2 倍，铁路网密度 232 km/ 万 km^2，是浙江省铁路网密度的 93%。杭衢高铁（建衢段）2018 年全线开工，经龙游、衢州市延伸到江山，推动衢州融入杭州都市圈。三是机场发展初具规模。衢州机场为军民合用机场，可满足高峰小时客流量 200 人要求，民航直达北京、深圳、厦门等城市，浙江省提出到 2020 年，衢州市将在开化、江山分别建成一座二类机场，全省空中 1 小时交通圈正在形成。四是航运开发初见雄姿。截至 2018 年年底，衢州市航道总里程（包括库区航道）288.8km，通航总里程 182.5km，2017 年，钱塘江中上游衢江（衢州段）航运开发工程全线贯通，断航 30 多年的钱塘江中上游航运重换生机，具备通航能力，衢州龙游港、衢江港区启动建设，进一步放大了交通格局，实现“通江达海”。

（二）气候条件优越，适宜作物生长

衢州市域属亚热带季风气候区，全年季风交替明显，四季分明，冬夏长，春秋短，但受地形制约，具有盆地气候特征，光热充足，降水丰沛，无霜期长，适合大多数农作物生长。一是全年气候温和。全年平均气温为 16.3 ～ 17.4℃，年平均气温 17.3℃，每年春分过后气温逐渐回升，3 月内升到 10℃左右，每年如

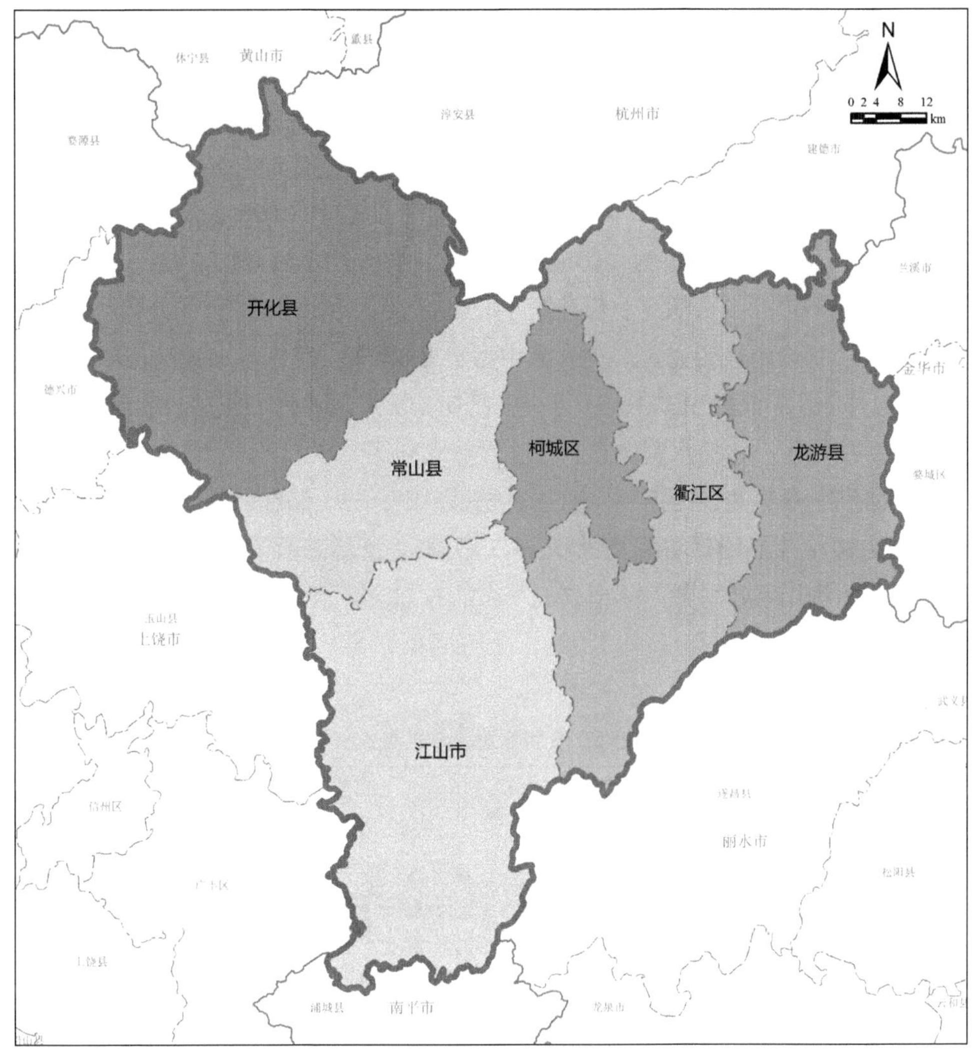

图 6–1　衢州市行政区划

此，4 月左右，衢州地区气温便能基本保持在 24℃左右，这一温度非常有利于粮经作物种植和生长。二是有效积温高。衢州地区全年有效积温非常高，>10℃活动积温 5 152 ～ 5 508℃，持续时间 237 ～ 248 天，并且高积温出现保证率基本保持在 80% 高水平，有利于粮经作物成熟，缩短成熟期，可较早上市。三是日照时间适宜。衢州市全年日照时数为 1 785.7 ～ 2 118.6 小时，年日照平均时数为 1 900 小时，太阳辐射总量在 101.9 ～ 113.5kcal/cm^2，有利于高品质粮经作物生长。

（三）水资源丰沛，灌溉体系完善

衢州地处钱塘江源头，水资源丰沛，发展农业有四个方面优势：一是人均水资源量较大。衢州降水充沛，市境内多年平均降水量达 1 834mm，地表水资源总量多年平均达到 101.32 亿 m^3，占全省地表水资源总量的 16%，仅次于丽水、杭州、温州，人均水资源量为 4 039 m^3，为浙江省人均水资源的 2 倍，2018 年供水量为 11.65 亿 m^3，可满足农田灌溉（6.19 亿 m^3）和林牧渔畜（0.33 亿 m^3）使用。二是水利设施较为完善。现有大中型水库 14 座，总库容 15.04 亿 m^3，大中型灌区 18 个，灌溉面积 171.435 万亩，已初步形成集供水、防洪、灌溉、发电、旅游等多功能于一体的水利体系。三是农业水利保障能力强。目前，衢州市以小型农田水利重点县建设为抓手，通过实施水、田、林、路综合治理和高效节水灌溉工程，2018 年新增改善灌溉面积 16.51 万亩，新增高效节水灌溉面积 7.75 万亩，灌溉水利用系数系数由“十二五”末的 0.51 提高至 0.523，农田水利基本建设进一步提升。

表 6-1 衢州市 2018 年水资源总量与多年平均值比较 （单位：亿 m^3）

行政分区	2018 年					2017 年	多年平均
	降水量	地表水资源量	地下水资源量	地下水与地表水资源不重复	水资源总量		
杭州	278.12	143.90	32.00	2.33	146.24	146.87	145.24
宁波	150.21	70.66	21.23	4.45	75.11	81.83	79.73
温州	225.35	126.39	26.90	2.07	128.47	104.68	130.53
嘉兴	66.15	32.22	8.86	4.29	36.51	27.31	20.76
湖州	97.81	50.68	11.41	1.57	52.26	36.61	39.46
绍兴	128.55	56.92	14.40	2.29	59.21	62.03	63.30
金华	155.46	69.95	16.62	—	69.95	88.88	91.73

（续表）

行政分区	2018 年					2017 年	多年平均
	降水量	地表水资源量	地下水资源量	地下水与地表水资源不重复	水资源总量		
衢州	153.67	80.64	25.72	—	80.64	103.22	101.32
舟山	19.73	6.93	1.83	—	6.93	9.90	7.95
台州	156.74	77.08	16.40	0.89	77.97	62.27	90.80
丽水	270.63	133.26	38.55	—	133.26	171.74	184.59
全省	1 702.42	848.64	213.92	17.90	866.54	895.35	955.41

（四）空间分异明显，生态环境类型多样

衢州市以山地丘陵为主的地貌特点，决定了在利用上的层状结构，为发展立体农业创造了有利条件。地域分异特点体现在：一是衢州地貌层次明显（图 6-2）。受历次地壳运动，特别是第四纪以来的新构造运动影响，奠定了衢州市南北高、西部倾斜，中部平坦，东部低平的地貌格局。从南北两侧向中部的衢江河谷平原过渡，地貌依次为中山—低山—高丘—低丘岗地—河谷平原，地貌层次明显。二是土壤类型多样。衢州处于南方红壤地带，从山地、丘陵、河谷平原到江河两岸，其分布规律大致是黄壤—黄红壤—红壤—水稻土—潮土或新集土。三是降水地域差异明显。沿江河谷平原向两侧丘陵山地递增，南北山区降水多于中部平原，西部降水多于东部，河流水流湍急，侵蚀强烈。四是太阳辐射地域差异显著（表 6-2）。全市太阳辐射地区分布不均衡，低丘、平原［（107.8～113.5kcal/cm^2）（1kcal ≈ 4.2kJ）］高于高丘、山地，是全省高区之一，西北山区和东南山区较少，如开化城关仅 101.9 kcal/ cm^2。

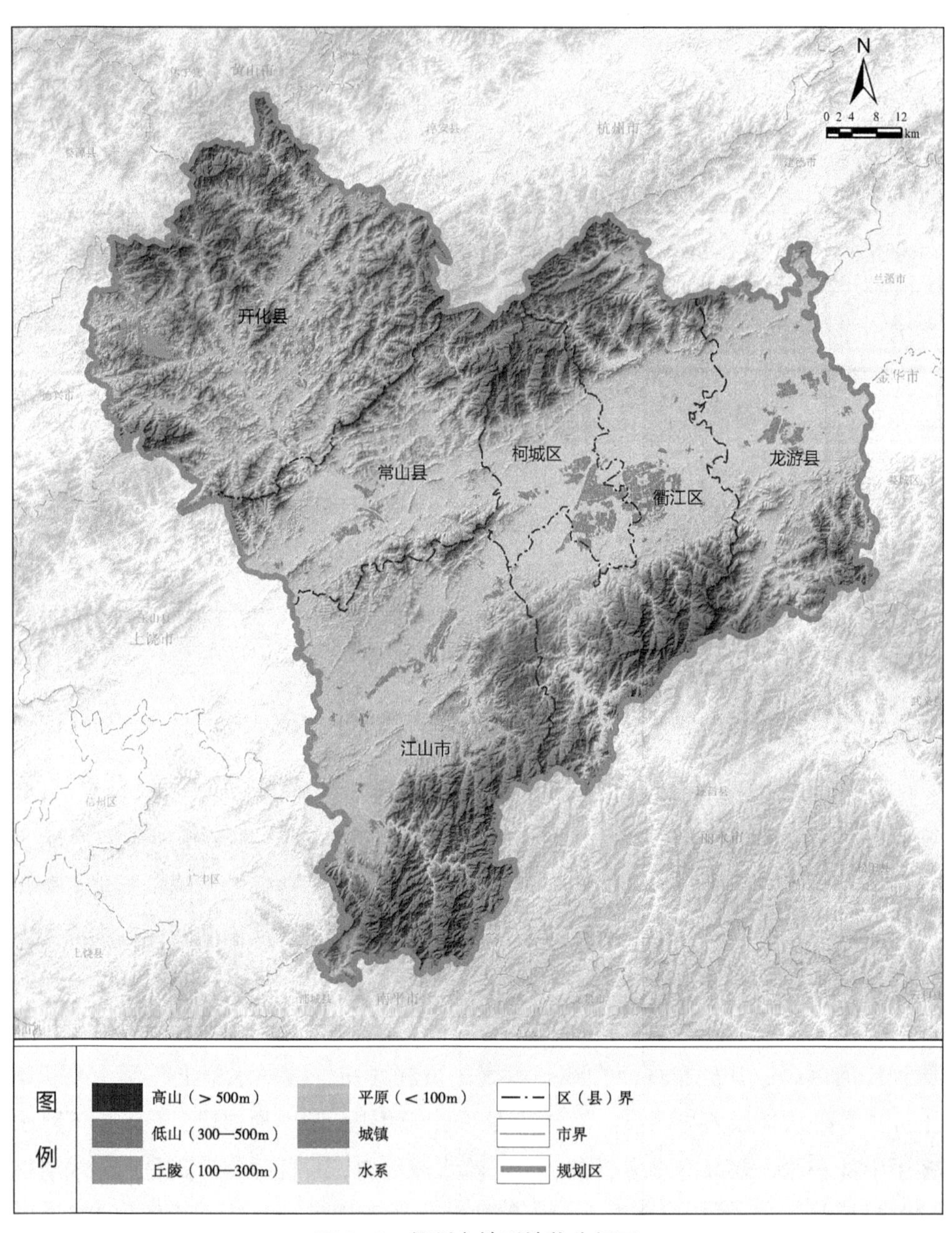

图 6-2　衢州市地形地貌分析图

表 6-2 衢州市地貌类型及地面坡度分级组合面积

坡度 地貌	>6°		6°～15°		15°～25°		>25°		合计	
	面积（万亩）	占比（%）	面积（万亩）	占比（%）	面积（万亩）	占比（%）	面积（万亩）	占比（%）	面积（万亩）	占比（%）
平原	183.42	94.89	4.9	2.54	2.08	1.07	2.09	1.50	193.30	14.56
低丘岗地	151.97	55.09	69.30	25.12	34.27	12.42	20.32	7.37	275.85	20.78
高丘	15.94	7.67	23.99	11.55	86.30	31.91	101.56	48.87	207.79	15.65
低山	7.51	2.08	6.87	1.90	70.41	19.49	276.52	76.53	361.30	27.22
中山	1.77	0.62	1.74	0.60	22.53	7.79	263.11	90.99	289.14	21.78
合计	360.61	27.17	106.80	8.05	195.58	14.73	664.41	50.05	1327.29	100.00

（五）历史底蕴深厚，文旅资源丰富

衢州作为浙江旅游文化资源集聚区，历史悠久、人文荟萃、山川秀美、景观众多，有“山水名城，神奇衢州”之称。一是历史文化底蕴深厚。衢州是一座有着 1 800 年建城史的江南文化名城，上承徽州文化，下接金华八婺，孕育出别具特色的三衢文化，孔子文化、围棋文化，道教文化、佛教文化交相辉映，全国仅有的两座孔氏家庙——孔氏南宗家庙，被誉为“南孔圣地”“东南阙里”，特别是“围棋仙地”烂柯山为世界围棋发源地，“山中方一日，世上已千年”的典故就出于此，是弘扬围棋文化的著名旅游景区，1994 年被国务院钦定为国家级历史文化名城。二是旅游资源丰富。境内有浙江省唯一的世界自然遗产 1 处（江郎山）、国家 5A 级景区 2 处（开化根宫佛国、江郎山廿八都景区）、国家 4A 级旅游区 11 处（江郎山、龙游石窟、清漾、药王山、廿八都、龙游民居苑、天脊龙门、开化根博园、常山三衢石林、桃源七里、古田山风景区）、国家森林公园 5 个（紫微山、钱江源、仙霞山、三衢山、浙江大竹海）、国家地质公园（常山）1 处、国家自然保护区（古田山）和国家重点风景名胜区（江郎山）各 1 处，长三角世博主题体验之旅示范点 2 处（“江南儒城—衢州”“千年古城之谜—龙游”），共计 150 多处景点，全区常年负氧离子浓度 >3 000 个 /cm^3，衢江区、柯城区和开化县舒适宜人，有“中国天然氧吧”美称，AQI 指数优良天数有 321 天，优良率达 88.8%，三级气候舒适期长达 4 个月。

（六）农产品丰富品质高，农业独具特色

衢州农产品十分丰富，有 17 个中国特产之乡，中国椪柑之乡、中国蜂蜜之乡、中国竹炭之乡、中国胡柚之乡、中国食用菌之乡等，有山茶油、茶叶、蜂产品、竹炭、烘焙糕点、米面、卤制品等诸多土特产。衢州农产品品质高，“三衢味”区域品牌日益被市场认可喜欢，衢州椪柑、龙游小辣椒、江山猕猴桃、开化清水鱼、常山胡柚、柯城不老神鸡、双桥粉干、邵永丰麻饼等一大批名特新优农产品享有较高市场知名度和美誉度，2016 年成为 G20 杭州峰会指定农产品供应品牌，有些农产品还成为网络爆红产品（龙游飞鸡一年销售 10 万只）。衢州加工食品品质高，有 4 个中国驰名商标，近 70 个浙江省著名商标（衢江、柯香、衢江缘、江山、钱江源），100 多个市著名商标，旺仔、娃哈哈等一批知名品牌也在衢州有生产线。衢州农业特色产业优势明显，是浙江省重要的商品粮基地、畜

禽生产基地、第二大食用菌主产区，建有华东地区最大的粮食批发市场，江山市是我国最大的蜂产品集散地，初步形成粮油、柑橘（含胡柚）、畜禽、蔬菜、食用菌、名茶、蜂产品、水产品、笋竹九大特色主导产业，特色主导产业产值占农业总产值的80%。

二、农业绿色发展成效显著

近年来，衢州市坚定护美绿水青山，按照“对标先进、争创一流”的要求，把农业绿色发展作为全市现代农业建设的主抓手，狠抓高位推进，农业绿色发展走在全省乃至全国前列，和农业农村部共建农业绿色发展先行市，农业绿色发展取得显著成效。主要经验如下。

（一）狠抓生态治理，夯实农业循环经济基础

衢州市按照农村人居环境建设和生态循环农业建设的总要求，围绕“一控二减四基本”目标，深化农业农村治水、治气、治土行动，进一步提升县域大循环、区域中循环、主体小循环体系。一是进一步深化畜禽排泄物资源化利用机制。以中央扶持整县推进畜禽粪污资源化利用项目为重点，大力推广县域大循环“开启模式”，区域中循环“大公模式”，主体小循环“吉祥模式”，探索形成一套对病死生猪源头收集、集中处理、保险理赔的全程监管系统，实现对生猪保险全覆盖、病死生猪流向可控可追溯管理的“集美模式”。二是进一步深化农作物秸秆综合利用机制。以区域性秸秆集中处理中心项目建设为重点，因地制宜推进秸秆肥料化、燃料化、饲料化、基料化等综合利用，初步在全市域建立起农作物秸秆禁烧与综合利用相结合的机制。三是进一步深化肥药减量机制。以测土配方施肥技术和统防统治技术为支撑点，以配方肥、有机肥、生物农药等应用为着力点，以农田氮磷生态拦截沟渠项目和绿色防控区建设项目为突破点，试点先行、示范引路、综合施策，深化化肥、农药的减量使用。四是全面推进美丽田园建设。按照田园清洁化、生态化、景观化的要求，推进失管田园变精品橘园、艺术稻田、特色园、景观园、综合体，打造美丽农业经济带，田园景观风貌得到显著提升。

（二）狠抓融合增效，激发农业主导产业活力

按照全产业链发展的理念，从种子种苗到生产、加工、流通、检测、研发等环节，全面推进主导产业振兴。一是深入实施藏粮于地、藏粮于技战略，提标改造粮食生产功能区 6.19 万亩，创建粮食高产示范区 35 个，2018 年江山市石门镇泉塘村泉塘畈，单季晚稻百亩方平均单产达 1 017.28kg/ 亩（甬优 12），再创“浙江农业之最”纪录，连续 8 年获得浙江省粮食安全责任制考核优秀。二是制定出台新一轮柑橘产业转型发展三年行动计划，推进品种、品质、品牌“三品”联动，淘汰椪柑 3.63 万亩，发展红美人、鸡尾葡萄柚等新品种 1 828 亩，新建市级柑橘精品园 14 个，培育盆栽柑橘 2 万盆，衢州鱼子酱挺进 G20 峰会，启动建设衢州柑橘种质资源库、常山“柚香谷”综合体等一批重大项目。三是稳定生猪、家禽饲养量，积极发展奶牛、肉羊、中蜂、乌猪等多元化畜牧业。四是大力发展茶文化茶旅游，开发龙游黄茶新产品，成功举办第二届全民饮茶日活动，全年茶叶产量 8 798t、同比增 14.5%。五是积极拓展中药材面积，评选确定了“衢六味”，全市中药材种植面积 6.2 万亩、同比增 9.5%，产量 2.49 万 t、同比增 16.5%。六是积极推进农业全产业链发展，重点打造柯城柑橘、龙游畜禽、常山胡柚、常山油茶、衢江生猪、江山蜂蜜等一批农业全产业链（年产值 10 亿元以上），累计建成省级示范性农业全产业链 6 条。七是发展休闲观光农业，依托农业主导产业，推进一二三产融合，大力发展休闲观光农业，举办了丰富多彩的首届农民丰收节和第二届全民饮茶日活动。

（三）狠抓资源集聚，培育农业新平台新主体

衢州市统筹整合资源，加快要素集聚，打造现代农业发展的主平台。一是全市建设省级现代农业园区 4 个、特色农业强镇 7 个，正在建设衢江开化禾中龙顶茗茶等一批农业特色小镇和柯城石梁柑橘综合体一批田园综合体。二是大力推进农业适度规模经营，培育新型农业经营主体，全市累计有市级以上农业龙头企业 213 家（国家级 4 家、省级 41 家、市级 168 家），“新三板”上市农业企业 9 家，主板上市农业企业 1 家，家庭农场 8 000 多家。三是不断提升家庭农场质量，推广家庭农场综合保险，新投保 151 家。四是成立了衢州市农创客发展联合会，积极引导大学生、留学生、大都市高端人才等群体返乡创业，开展了首届衢州十佳农创客评选活动，培育了一批有情怀、有学历、有闯劲的农创客。

（四）狠抓“互联网 +”，打造农业新经济新业态

衢州市大力植入互联网思维，发展数字经济智慧农业：一是大力培育农产品新零售村。积极打造农业“产业特色村 + 新零售村”，创新农产品营销模式，加强农业电商创业指导和服务，着力推进新零售示范村建设。二是大力发展平台经济、共享经济、社群经济。鼓励和扶持农创客发展互联网经济，做大做强了“龙游飞鸡”“龙和渔业”“旱田农业”等一批新经济新模式，其中“龙游飞鸡”垂直电商平台连接近 7 000 个家庭，实现在浙江股权交易中心挂牌。三是大力发展智慧农业。推进农业生产智能化、信息化，培育壮大衢州中恒 LED 灯智能化育苗工厂、江山星菜植物工厂等一批物联网农业企业，创建“机器换人”示范县 1 个、示范乡镇 7 个、示范基地 8 个。

三、农业绿色发展机遇可期

（一）“两山”理论为衢州农业绿色发展擘画战略蓝图

2005 年，时任浙江省委书记的习近平同志提出了“绿水青山就是金山银山”的科学论断，“两山论”已经成为生态文明建设的根本遵循。作为“两山”理论发源地，浙江上下始终坚持两山理念，致力打通两山转化的农业绿色发展通道，在探索生态省建设、推动“两山”理论落地方面已经形成了多种模式、多方经验，2015 年成为全国唯一现代生态循环农业发展试点省，2017 年成为全国唯一整省推进的国家农业可持续发展试验示范区，同时成为农业绿色发展试点先行区，2018 年正式启动浙江大花园建设，一系列“组合拳”可将生态优势尽快转换成经济优势，浙江以高效生态现代农业发展为引领，开启了浙江率先全国建设农业绿色强省的序幕，为全国农业绿色发展提供了浙江经验，也为衢州推动农业绿色发展搭建了四梁八柱，为衢州农工业绿色发展实践奠定了工作基础。衢州地处钱塘江源头，山清水秀，空气清新，环境优美，得天独厚的生态禀赋，为衢州践行“绿水青山就是金山银山”赢得了千载难逢的机遇。

（二）“山海协作”为衢州农业绿色发展提供新动能

为支持衢州等相对欠发达地区发展，习近平同志因材施策，于 2002 年在浙

江省开始实施山海协作工程，并提升到事关浙江发展全局的战略高度。在均衡浙江的大潮中，衢州市政府坚持把衢杭山海协作工程作为贯彻省委、省政府重大决策部署，推动衢州开放发展的重大机遇和举措来抓。衢杭山海协作为衢州带来丰富的技术、资金、人才等资源。2012—2018 年，杭衢共签订协作项目 265 个，到位资金为 307 亿元，实施新农村建设、社会事业合作项目 144 个，到位资金 4 047 万元，为衢州农业绿色发展提供了窗口期。目前，杭衢合作协议从“1+4”扩展到“1+33”，包括人才、体育、旅游、科技、卫生、农业各个方面、各个领域，带动了衢州美丽经济幸福产业和数字经济智慧产业的增长，衢州分别与杭州、宁波、绍兴、嘉兴等市开展合作，“山海”协作进入一个新阶段，为打造衢州发展提供了新动能、新引擎。

（三）乡村振兴战略为衢州农业绿色发展拓展新空间

习近平同志在浙江工作期间，曾先后 8 次来衢州视察，曾再三叮嘱：衢州是浙江绿源，生态是我们最值得自豪的优势，是我们的后发优势，要走可持续发展道路，发展不能以破坏环境为代价。《浙江乡村振兴规划》要求全面深化农业供给侧结构性改革，走质量兴农、绿色兴农、科技兴农路子，进一步夯实高效生态现代农业基础，加快向数字农业和科技农业升级，向农村一二三产业深度融合升级，实现乡村经济多元化、特色化、高质量发展，全面融入大湾区大花园大通道大都市区建设，推进城乡空间协调发展，要求奋力推进乡村全面振兴，打造现代版“富春山居图”。《浙江省乡村振兴战略行动计划》总结深化了习总书记在浙江工作期间的成功探索与实践，例如高效生态农业、“千万工程”和美丽乡村建设、生产供销信用“三位一体”改革、后陈经验等。浙江省乡村振兴规划实践把中央要求和浙江实际充分结合起来，既贯彻落实党的十九大和中央一号文件精神的“普通话”，又有凸显优势和特色的“浙江话”，为衢州农业绿色发展提供了新空间。

（四）城乡融合为衢州农业绿色发展创造了外部环境

党的十八大以来，衢州市城市功能不断完善，城乡人居环境持续优化，已初步形成以主城区、县城、特色小镇、美丽乡村为基本框架的城乡一体化发展格局，沿着习近平总书记指引的道路，浙江已率先进入城乡融合发展阶段。2017 年全省农村居民可支配收入达到 24 956 元，连续 33 年居全国各省区第一位，城乡居民收入比降到 2.05∶1，居全国前列，美丽乡村建设领跑全国，衢州市在 2012 年和 2013 年连续两年入选中国十大宜居城市，2016 年获得“全国十佳生态休闲旅游城市”荣誉称号，2017 年进入中国特色魅力城市 200 强，“千村示范万村整治”工程荣获联合国“地球卫士奖”，为全球生态文明建设贡献了中国方案。衢州市充分结合各县（市、区）功能定位，在推进主城区集聚融合优化发展的同时，强化市、县、小城镇协同发展和县域乡镇经济向都市经济转型，加快以绿色发展为核心的特色小镇和幸福乡村建设，从而形成城乡融合梯级发展新格局，为从全市到乡村层面全面开展农业绿色发展建设创造良好条件。

（五）消费升级为衢州农业绿色发展开启转型新方向

我国中产阶层崛起，“80 后”“90 后”“00 后”等新世代消费群体将成为未来消费市场主导力量，居民消费结构持续升级背景下，消费群体对农产品总体要求是优质化、多样化、专用化。到 2020 年，衢州“海陆空”交通运输大通道网络格局初步建成，衢州将进一步融入杭州都市圈和长三角城市群，衢州对内可覆盖农产品主产区、主要林区、5A 级旅游景区、国家级旅游度假区，对外紧邻周边高端消费市场，消费分级明显且消费升级需求旺盛。同时，衢州已处于杭州 2 小时、上海 3 小时经济圈范围内，与闽浙赣皖四省周边中心城市的距离也在 2 小时内，至杭州高铁通勤缩短至 45 分钟，通沪 90 分钟，乡村电商和物流网络体系发达，处于生鲜农产品销售半径以内，长三角地区巨大的农产品消费市场使得衢州作为市场腹地的作用更加凸显，为衢州提供巨大发展空间。

四、面临的问题和挑战

（一）农业生态环境保护需持续加强

衢州人均耕地只有 0.5 亩，资源短缺和生态约束两道“紧箍咒”越来越紧。据调查，衢州市畜禽养殖粪污年排放量达 515 万 t，种植业养殖业空间布局上相互隔离，种养产业链脱节，种植业、养殖业经营主体分离，导致养殖粪污处理不及时，利用不充分。在浙江 11 地市中，节水灌溉面积为 104.60 万 hm^2，占耕地面积比例 75%，节水灌溉面积排序仅为第九位，节水灌溉潜力仍有较大空间，农业用水量居高不下，其中农田灌溉、林牧渔畜、工业、居民生活、城镇公共、生态环境用水分别占比53.1%、2.9%、28.9%、7.0%、6.2%、1.9%。另外，2017年，衢州市化肥施用量为30 364 t，总量排位第8，农药使用量为3 785 t，总量排位第7，化肥农药用量仍有很大减量空间。规模化生产和农药等投入品大量施用造成了潜在食品安全隐患。秸秆综合利用结构以还田为主导，且已经到了还田量已达饱和程度。

（二）农业绿色发展技术体系构建需强力支撑

习近平总书记多次强调，要“依靠科技进步，走中国特色现代化农业道路”，2017年习近平总书记在审议《关于创新体制机制推进农业绿色发展的意见》时指出，农业绿色科技体系是实施农业绿色发展道路的重要支撑，必将带来新一轮的农业生产革命。当前，衢州市整体上农业绿色发展技术体系尚未形成，亟需开展农业绿色关键共性技术攻关，加快引领性新技术模式推广，补齐农业绿色发展科技制约短板。同时，衢州市丰富的农业绿色发展实践没有形成有效模式，可复制、可推广技术不多，绿色生产科技成果和转化应用较少，除了少数现代化园区外，科技成果的转化应用率较低，生产能力没有得到较好的提升，科技创新驱动能未能有效集聚和释放，产业发展的后劲不足。

（三）农业绿色发展体制机制需不断健全

近年来，衢州市加快农业绿色发展体制机制建设，建立了畜禽排泄物资源化利用机制、农作物秸秆综合利用机制、肥药减量机制等体制机制，但过度依赖行政手段，横向和纵向生态环保压力传导机制不够顺畅，农业绿色经济发展缺乏有效的市场化机制调节，以“利益驱动”为导向，利用价格杠杆倒逼转型升级的体制机制还不到位，生态补偿、生态环境损害赔偿等体制机制还有待完善。

（四）农业绿色发展水平需要产业化提升

衢州市生态资源开发利用水平低，生态资源资本化转化能力不强，直接利用、间接利用、使用权交易、生态服务交易、发展权交易、产业化等生态资源资本化的实现途径程度不高、进展不快，生态优势变为发展优势未得到充分体现。另外，衢州绿色经济发展基础薄弱，衢州农产品加工业在全国还处于低级水平，有影响的深加工企业还很少，亿元以上的农业龙头企业相对较少。种植业年产生秸秆总量近百万吨，尽管秸秆综合利用率达到95%，但秸秆利用以直接还田为主，肥料化、原料化、基料化途径利用量很少，需要不断增加离田利用率，离40%离田利用率还差较远，秸秆综合利用产业尚未形成。绿色农业发展模式较单一，推进绿色化发展的路径和模式还集中在初级生态农业、生态旅游层面，产业化发展尚需提高。

第七章
指导思想、发展原则、战略定位与目标

一、指导思想

全面贯彻党的十九大精神，深入践行绿水青山就是金山银山的理念，深入实施“八八战略”，按照建设“活力新衢州，美丽大花园”的总要求，在实施乡村振兴战略统领下，坚定质量兴农思想，坚持高效安全战略，坚守绿色生态导向，围绕衢州“1433”发展战略体系的总体部署，以农业生产美、生活美、生态美为重点，全市域整建制推进农业绿色发展先行区建设，开创农业农村现代化的绿色发展空间格局，乘势而上、砥砺奋进，持续推动农业绿化、农村美化、农民转化，推动农业农村高质量发展，建设成为新时代乡村振兴的绿色典范和全国标杆。

二、发展原则

（一）生态优先，绿色兴农

充分遵循农业自然规律，在生态保护与农业发展中，把生态放在突出位置，在发展中保护、在保护中发展，加快推进投入品减量化、生产清洁化、废弃物资源化、产业模式生态化，坚定不移走农业绿色发展之路。

（二）融合发展，产村一体

集聚人才、科技、资金、政策等资源投入农业农村绿色发展，充分挖掘乡村功能价值，积极培育建设绿色乡村的新业态、新平台、新技术，通过三产融合、三生协同，鼓励推动市民下乡，鼓励村民进城，推动乡村、产业、城市一体化发展，催生美丽幸福经济。

（三）创新驱动，注重长效

坚持把创新驱动作为推进绿色发展的基本动力，用改革的思路和手段，创新发展模式、管理体制和建设路径，把绿色发展的理念和要求贯穿到农业生态环境改善、全产业链建设和农业三产融合各环节中，推动全市域、全过程高端农业绿色发展，打造农业绿色可持续发展长效机制。

（四）重点突破，整体推进

在诗画风光带底线管控要求下，重点工程优先考虑在风光带内及其周边安排，将诗画风光带打造成农业绿色发展先行示范区的先行空间，同时要兼顾其他区域突出农业环境问题的解决，从生态系统整体性和衢江流域系统性着眼，全域推动衢州农业绿色发展，实现农业强、农村美、农民富。

三、战略定位

坚持一张蓝图绘到底、一任接着一任干，坚定不移沿着总书记指引的路子走下去，高起点建设农业绿色体系，通过 5 ～ 7 年努力，建设国家农业绿色发展试点先行区，推动全市基本形成农业绿色发展新格局。

（一）国家农业高质量发展样板地

树立大三农观念，主动适应市场多元化、个性化和差异化消费需求，大力发展农业龙头企业、专业合作社、生态农庄、家庭农场，加快促进农业向产业园区集聚，不断增强中心园区综合配套服务功能，进一步完善基础设施网络，推动畜禽产品、名优茶叶、绿色果蔬、道地药材、特色水产品等优势农产品精品化发展，全面落实产管并举各项措施，形成区域性产业集群，实现农产品质量安全抽检合格率达到 98.5%，确保“从田头到餐桌”的安全，为杭州、上海和国际组织提供优质农产品，打造国内一流绿色、生态、安全的国家优质特色农产品标准化生产地，打造世界食品安全创新示范区。

（二）国家农业绿色科技创新孵化地

强化创新驱动发展，转变科技创新方向，优化科技资源布局，聚焦农业绿色科技创新，发挥院士与专家顾问团队以及政策对接优势，重点围绕生态农业、智慧农业、数字农业三大领域建设绿色农业科研中心、总部基地和高端服务中心，建设检验测试平台、成果推广平台、智慧服务平台等现代农业科技公共服务平台，夯实农业绿色发展的技术支撑，为农创客、新农人、新型经营主体提供全方位的科技创新、高端服务和其他关联产业衍生服务，为农业科技企业提供国家级技术支撑和公共服务，打造全国农业科技创新高地，建成立足浙江、面向全国的绿色农业科技创新先导区。

（三）国家农业绿色产业融合发展集聚地

以打造“衢州大花园”高品质休闲农业典范为目标，深化现代生态循环农业发展，推进农林牧渔复合，一二三产融合，生产生活生态互促，把农业要素与旅游、文化、教育深度结合，投资农业生态资产建设，加强农业生态环境保护，拓展农业多种功能，提升农业生态产品与服务供给能力，建成衢州绿色产业集聚区，拉长农业产业链，打造供应链，提升价值链，在四省边际区域率先实现绿色崛起，努力打造“吃、住、行、娱、购、游”为一体“一站式”的“诗画浙江”中国最佳旅游目的地、世界一流生态旅游目的地、浙江省城乡三产融合发展引领地。

（四）国家农业绿色发展体制机制重要策源地

充分发挥省级生态文明建设示范市和农业可持续发展示范省优势，落实农业功能区制度、横向生态补偿制度、耕地轮作休耕制度，健全农业投入品减量使用制度，建立秸秆台账资源统计制度，完善农业资源环境生态监测预警体系，总结成功经验，进一步将各项措施标准化、法制化、制度化，加快制修订一批农业投入品使用限值、畜禽粪便资源化利用、农业废弃物排放、农业机械能耗和污染排放等方面的标准，全面构建以绿色生态为导向的农业绿色发展制度体系（耕地保护补偿、农业生态补偿制度等），研究制定农业投入品管理、土壤污染防治、农药包装物回收、农业循环经济等方面的法律法规，创新农业绿色发展体制机制，为全国农业绿色发展供应创新性制度。

四、战略目标

（一）总体目标

在农业农村部指导下，推进衢州市在农业两区绿色提升、农业智能装备提升、农业绿色科技支撑、生态循环农业建设、农业绿色标准化建设、绿色品牌打造和新时代美丽乡村建设等方面先行先试，持续提高农业绿色发展的基地化、融合化、循环化、优质化和美丽化水平，积极探索农业绿色发展的“衢州经验”并上升为“国家标准”，全面实现“六个绿色”（绿色产业、绿色资源、绿色产品、绿色乡村、绿色制度、绿色增收）目标，创建出我国首个农业绿色发展先行示范市，绿色产业更加兴旺，绿色资源更加高效，绿色产品更加丰富，绿色机制更加健全，绿色增收更加突出，建设中国“绿色农业之都”。

（二）具体目标

到 2020 年，通过部市共建，开展秸秆综合利用样板县、绿色生态农场和绿色研究院等先行项目建设，启动创建农业绿色发展先行区。具体指标为：① 绿色产业，高标准农田面积比重超过 65%，畜禽养殖规模化率超过 90%，水产标准化健康养殖比重达到 14%，农田林网控制率超过 90%，市级以上龙头企业达到 300 家；② 绿色资源，耕地土壤有机质含量超过 2.46%，农田灌溉水有效利用系数超过 0.582，化肥施用强度（折纯量）不超过 27.5kg/ 亩，秸秆综合利用率达到 95%，农膜回收利用率达到 90%，规模养殖场畜禽粪污处理率达到 99%，受污染耕地安全利用率达到 92%，单位农业增加值二氧化碳排放下降 20.5%；③ 绿色产品，绿色优质农产品比率达到 60%，主要农产品质量安全省级监测合格率和不合格产品处置率达到 98.5%，农产品质量追溯信息平台覆盖率达到 95%，创建绿色美丽农场 1 000 家；④ 绿色乡村，农村生活污水处理率达到 90%，农村生活垃圾处理率超过 90%，农村清洁能源利用率超过 >80%；⑤ 绿色制度，制订农业负面清单制度，农药实名制购买覆盖率超过 90%，化肥定额制覆盖率超过 50%，启动衢州农业绿色发展标准体系框架和农业绿色发展评价指标体系研制，开展生态农场技术补贴试点，争取农业绿色发展科技领域国家级科研项目落地；⑥ 绿色收入，农村居民人均可支配收入年增长率超过 10%，生态系统生产总值（GEP）的 GDP 转化率达到 40%，农业用地亩均产出率（单位耕地面积农业总产值）1.6 万元 / 亩。

到 2022 年，重点先行项目全面启动，通过现代生态循环农业建设、智能装备提升、绿色标准化和美丽田园建设等项目，农业绿色发展先行区整体建成。具体指标为：① 绿色产业，高标准农田面积比重超过 65%，畜禽养殖规模化率超过 90%，水产标准化健康养殖比重超过 55%，农田林网控制率超过 92%，市级以上龙头企业达到 330 家；② 绿色资源，耕地土壤有机质含量超过 2.46%，农田灌溉水有效利用系数达到0.6，化肥施用强度（折纯量）不超过27.5kg/亩，秸秆综合利用率超过95%，农膜回收利用率超过90%，规模养殖场畜禽粪污处理率超过99%，受污染耕地安全利用率达到92%；③ 绿色产品，绿色优质农产品比率达到71%，主要农产品质量安全省级监测合格率和不合格产品处置率超过98.5%，农产品质量追溯信息平台覆盖率超过95%，创建绿色美丽农场1 200家；④ 绿色乡村，农村生活污水处理率超过90%，农村生活垃圾处理率超过90%，农村清洁能源利用率超过85%；⑤ 绿色制度，研究制订农业生态补偿条例，首次发布衢州农业绿色发展指数，形成完备的农业绿色发展标准体系，发布一批地方标准、国家标准和绿色技术规范，农业绿色技术体系、农业生态补偿制度体系基本成熟并向全国推广；⑥ 绿色收入，农村居民人均可支配收入年增长率超过10%，生态系统生产总值（GEP）的GDP转化率超过40%，农业用地亩均产出率（单位耕地面积农业总产值）1.9万元/亩。

到2025年，通过建设新时代美丽乡村建设、美丽田园建设和绿色品牌建设等项目，部市共建农业绿色发展先行市全面建成，农业绿色农业发展走在全国前列，成为标杆模式，建成全国农业绿色发展之都。

衢州市农业绿色发展指标体系见表7-1。

表 7–1　衢州市农业绿色发展指标体系一览

序号	具体指标	单位	衢州市				目标值（全国 / 浙江）	备注
			2017 年	2020 年	2022 年	2025 年	2020 年 />2019 年	
一	绿色产业							
1	高标准农田面积比重 [a, b]	%	—	≥ 65	≥ 65	≥ 80	65/ ≥ 80	约束性
2	畜禽养殖规模化率 [a, b]	%	—	≥ 90	≥ 90	≥ 90	65/ ≥ 75	约束性
3	水产标准化健康养殖比重 [a, b]	%	—	≥ 14	≥ 55	≥ 65	65/ ≥ 55	约束性
4	农田林网控制率（300 亩以上连片农田）[a]	%	≥ 85	≥ 90	≥ 92	≥ 92	90/ ≥ 90	约束性
5	森林覆盖率 [a]	%	71.5	≥ 71.5	≥ 71.5	≥ 71.5	23.04/ ≥ 61.17	约束性
6	主要粮食农作物病虫害绿色防控覆盖率 [b]	%	—	40	≥ 60	≥ 60	60/ ≥ 41	约束性
7	年产值 >10 亿元产业链条 [c]	个	5	7	8	10	—/ ≥ 68	预期性
8	市级以上农业龙头企业数量 [c]	家	271	300	330	≥ 330	—	预期性
二	绿色资源							
9	土壤有机质含量（同耕地质量变等级变化量）[a, b]	%	2.46	≥ 2.46	≥ 2.46	≥ 2.46	2.2/3.1	约束性
10	农田灌溉水有效利用系数 [a, b]	—	0.53	>0.582	0.6	0.7	0.55/ ≥ 0.61	约束性
11	化肥施用强度（折纯量）[a, b]	kg/ 亩	—	≤ 27.5	≤ 27.5	≤ 27.5	14.7/ ≤ 27.5	约束性
12	农药施用强度（折百量）[a, b]	kg/ 亩	—	≤ 0.17	≤ 0.17	≤ 0.17	0.17/ ≤ 0.17	约束性
13	秸秆综合利用率 [a, b]	%	92	95	≥ 95	≥ 95	85/ ≥ 95	约束性
14	农膜回收利用率 [a, b]	%	80	90	≥ 90	≥ 90	80/ ≥ 90	约束性
15	畜禽粪污综合利用率 [a, b]	%	97	99	≥ 99	≥ 99	75/ ≥ 90	约束性

（续表）

序号	具体指标	单位	衢州市				目标值（全国 / 浙江）	备注
			2017 年	2020 年	2022 年	2025 年	2020 年 />2019 年	
16	农药包装废弃物回收率[a,b]	%	82	90	≧ 90	≧ 90	/ ≥ 80	约束性
17	耕地保有率[a]	%	100	100	100	100	100/100	约束性
18	受污染耕地安全利用率[b]	%	—	92	≥ 92	≥ 95	95/ ≥ 95	约束性
19	病死猪专业无害化处理场集中处理率[b]	%	—	100	100	100	/100	约束性
20	大型规模猪场臭气综合治理率[b]	%	—	≥ 20	≥ 50	≥ 50	50/ ≥ 20	约束性
21	规模以上水产养殖主体尾水处理率[b]	%	—	80	≥ 80	100	—/70	约束性
22	高效、低毒、低残留农药推广率[c]	%	85	90	99	99	—	预期性
23	单位农业增加值二氧化碳排放下降[c]	%	3.9	20.5	—	—	20.5/—	预期性
三	绿色产品							
24	主要农产品质量安全省级监测合格率和不合格产品处置率[b]	%	97.8	98.5	≥ 98.5	≥ 98.5	—/（98/100）	约束性
25	农产品质量追溯信息平台覆盖率[b]	%	—	95	≥ 95	100	—/ ≥ 90	约束性
26	绿色优质农产品比率[b]	%	29	60	71	77	>47/55	约束性
27	绿色美丽农场[c]	个	500	1 000	1 200	1 500	—	预期性
四	绿色乡村							
28	农村生活垃圾处理率[a,b]	%	75	≥ 90	≥ 90	≥ 90	90/ ≥ 96	约束性
29	农村生活污水处理率[a]	%	—	90	≥ 90	≥ 90	40/>90	约束性

（续表）

序号	具体指标	单位	衢州市				目标值（全国 / 浙江）	备注
			2017 年	2020 年	2022 年	2025 年	2020 年 />2019 年	
30	农村清洁能源利用率[b]	%	≥ 73	>80	≥ 85	≥ 85	—/ ≥ 85	约束性
五	绿色制度							
31	农药实名制购买覆盖率[b]	%	50	≥ 90	100	100	—/100	约束性
32	化肥定额制施用覆盖率[b]	%	0	≥ 50	≥ 50	≥ 50	—/ ≥ 50	约束性
33	农业负面清单制度[c]	个	无	无	有	有	—	预期性
34	衢州农业生态补偿条例[c]	—	无	无	有	有	—	预期性
35	衢州农业绿色发展标准体系[c]	—	无	有	有	有	—	预期性
36	衢州农业绿色发展评价指标体系[c]	个	无	有	有	有	—	预期性
六	绿色增收							
37	农村常住居民可支配收入年增长率[a]	%	9.8	≥ 10	≥ 10	≥ 10	6.5/9.1	约束性
38	生态系统生产总值（GEP）的 GDP 转化率[c]	%	27.8	40	≥ 40	≥ 40	—/40（丽水，2020 年）	预期性
39	农业用地亩均产出率（单位耕地面积农业总产值）[c]	元 / 亩	6 770	16 000	19 000	21 000	—	预期性

注：a 表示国家农业绿色发展先行区评估必选指标（17 项），b 为浙江省农业绿色发展指标体系（23 项），其中，国家和浙江省重叠指标 12 项，c 为衢州自设预期指标（12 项）。指标参数来自国家农业绿色发展先行区评估确定指标体系、浙江省农业绿色发展指标体系评价办法（试行）、《浙江省美丽乡村建设规范（2014）》、衢州市构建现代农业高质量发展体系行动计划的通知（2018 年）、衢州市"五水共治"（河长制）碧水行动实施方案的通知（2018 年）、《浙江省森林城市（城镇）申报命名办法和评价量化指标》。

第八章

衢州农业绿色发展空间格局与建设路径

一、空间格局

按照因地制宜、分类施策的原则，结合全市 6 大自然生态区域的农业资源环境承载力、农业适宜性、产业基础、发展趋势和“三区三线”管控要求等因素，确定相应区域的农业绿色发展方向和重点，以绿色为基色，以农田为基底，以果园、茶园、菜园、稻园为肌理，以生态农场、生态牧场、生态渔场、生态林场为细胞，以衢州诗画风光带为主阵地，久久为功，打造诗画风光带上的农业明珠，规划期间，整体建设“一线三带四区多群落”的全域农业绿色发展空间格局（图 8-1）。

“一线”指衢江滨江美丽乡村风景线。空间标志颜色为蓝色，该区域位于“一江两港三溪”（衢江、常山港、江山港、马金溪、石梁溪、庙源溪）两侧 20 ～ 50m 范围，集中分布在乡村田园型岸线和自然生态型岸线，属诗画风光带重点管控区，是创建农业绿色发展先行示范区的敏感空间，是衢州重要岸线生态保护区。

发展方向：根据产业准入和水域环境管控要求，加大实施“增殖型”生态洁水渔业，放养土著鱼类，如植食性鱼类（鲢、鳙鱼等）、杂食性鱼类（鲴等）和小型肉食性鱼类（鳜鱼、黄颡鱼等）等，扩大增殖放流规模，恢复渔业资源，修复退化水生态系统。在水生态环境容量允许范围内兼顾休闲、娱乐、科普与旅游功能，规范配置含油污水、垃圾的接收存储设施，促进生态渔业与休闲旅游开发有机融合。

“三带”指衢州农业绿色发展 3 条先行带，即衢江都市农业先行带、钱江源生态农业先行带、须江美丽农业先行带。空间标志颜色为浅绿，该区域位于“一江两港三溪”（衢江、常山港、江山港、马金溪、石梁溪、庙源溪）两侧 50m ～ 3km 范围，以诗画风光带农业空间（57.4%）、生态空间（31.1%）为重点，是创建农业绿色发展先行示范区的“窗口”空间，属诗画风光带一般管控区，是城市果蔬的前沿保障区，也是休闲旅游的首选地。

发展方向：加快培育发展都市农业、生态农业和美丽农业，根据生态环境容量优化种植业布局，调减畜牧规模，建设以蔬菜、柑橘、休闲为主的标准化、

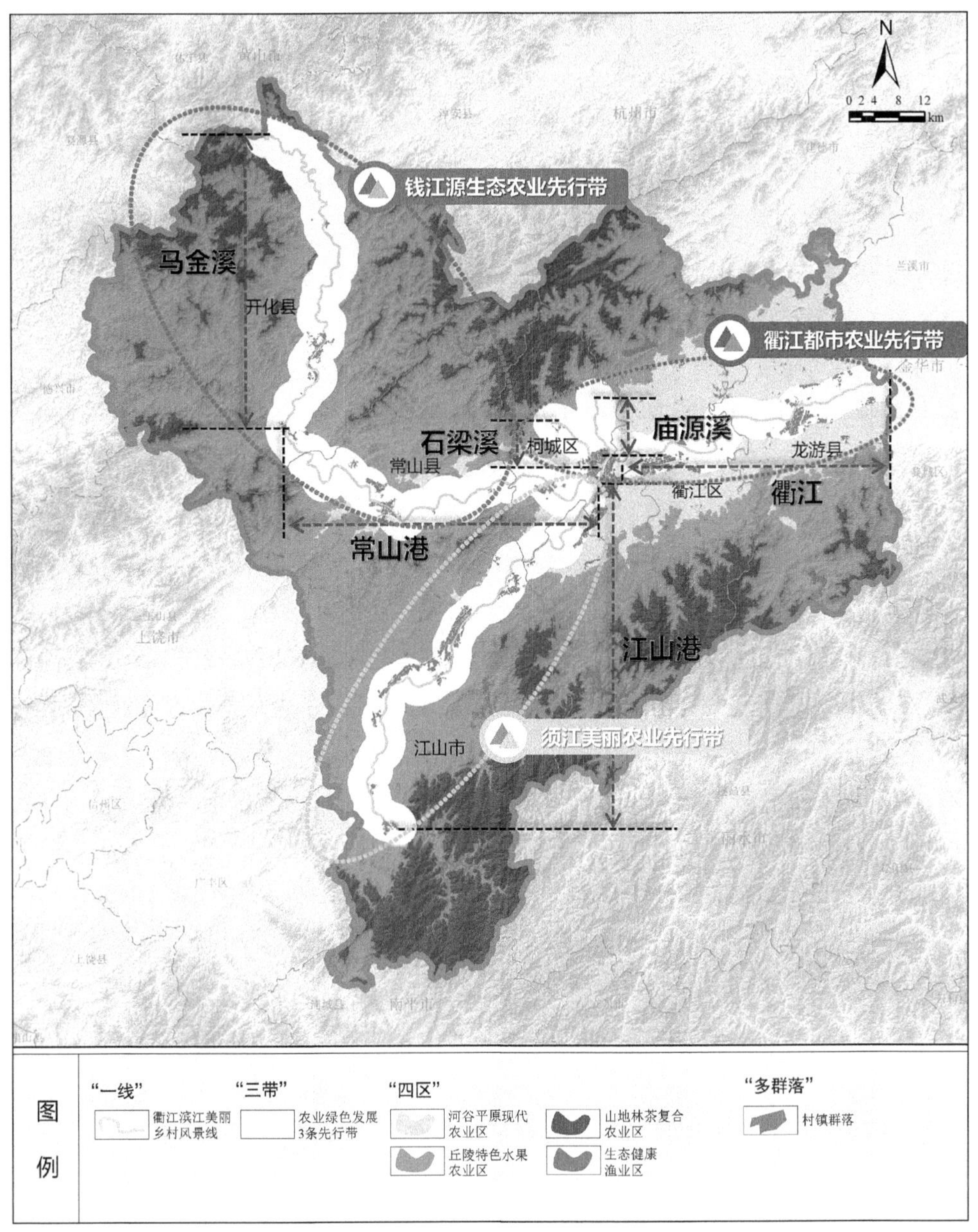

图 8-1　衢州市农业绿色发展空间布局

生态化美丽农场。保护乡村农田生态系统，开展山水林田路村镇综合整治，推进美丽果园、美丽茶园、美丽稻田、美丽花田等“四美田园”创建，鼓励利用现有资源发展休闲娱乐、旅游度假、体育健身、教育科研、文化创意、绿色产业等功能，培育农业绿色美丽经济产业。

“四区”指河谷平原现代农业区（海拔<100m）、丘陵特色水果农业区（100m ≤海拔≤ 500m）、山地林茶复合农业区（500m ≤海拔≤ 10 00m）、生态健康渔业区（海拔≤ 600m）。空间标志颜色为深绿，该区域以“一江两港三溪”（衢江、常山港、江山港、马金溪、石梁溪、庙源溪）两侧 3km 为界，向外（>3km）扩展至全境，是诗画风光带的外延农业空间，是创建农业绿色发展先行示范区的“主体”空间，耕地、园地、渔场分布集中，是衢州重要的粮油、果蔬、畜禽、茶竹、中草药、食用菌、水产品等主产区。

发展方向：大力开展基本农田质量建设工作，建设高标准农田，强化农田水利基本建设，着力发展高效节水农业设施，实施坡耕地水土流失综合治理，加强田间环境治理和生态修复，提高耕地综合生产能力，打造衢州市绿色优质商品粮基地。科学核定种养殖容量，大力发展高效生态循环农业，推广种养结合、农林复合、生态洁水渔业、稻鱼共生轮作减排等绿色模式，改造提升现有规模养殖场，全面开展秸秆、畜禽粪污、养殖尾水、地膜等废弃物资源化、循环化利用，构建全市三级循环的绿色农业体系。重点发展优质水稻、专用油菜和生态健康养殖，鼓励发展蔬菜、椪柑、茶叶、蚕桑、家禽、中药材、食用菌、淡水名特优品种（中华鳖、罗氏沼虾、加州鲈等）等特色农产品，促进粮油和特色农产品加工转型升级，配套物流、机械制造、设备检验，建设标准化、规模化、集约化绿色农业综合园区，发展高附加值精深加工。

“多群落”指美丽乡村风景带（美丽乡村群落）和古村群落。空间标志颜色为灰色（传统民居建筑房顶色彩），该区域位于“一江两港三溪”（衢江、常山港、江山港、马金溪、石梁溪、庙源溪）两侧 2 ～ 3km 范围，以诗画风光带农业空间（57.4%）、城镇空间（11.5%）为重点，是创建农业绿色发展先行示范区的“融合”空间，衢州的主要古村、特色村、美丽乡村与美丽城镇在此集中分布，承载着衢州特色的农耕文化，是建设诗画风光带和美丽“大花园”的基本支点。

发展方向：以乡村生活、乡村生态、乡村生产为主导功能，鼓励发展休闲旅游、文化保护、乡村电商和乡愁产业等新业态。分类管控自然村，引导精品村、特色村组团发展，提升改造乡村风貌，加强乡村绿色空间守护，打造诗画风光带上的 18 个美丽乡村风景带、60 个古村群落和 12 个美丽城镇，建设宜居、宜业、宜游乡村。

二、建设路径

浙江是全国唯一全省创建的农业绿色发展先行区，衢州浙江的两个先行区之一，是先行区里的先行区。将继续立足资源禀赋与产业基础，聚焦关键生态环境问题，依托地形、气候和生态等优势，将改善农业生态环境、促进资源循环利用、产业转型升级、建设美丽乡村作为农业绿色发展重点工作，从顶层设计规划、技术模式优化、产业体系构建、体制机制创新等板块入手，努力形成新美丽田园模式、多产融合生态循环模式、放心农产品全链追溯模式、农产品上行新零售模式和可持续乡村未来社区模式等绿色发展新模式，全面开展农业绿色发展道路探索，打造整市建设绿色农业的综合示范样板，使绿色农业新模式成为高质量发展的重要支撑。

（一）新美丽田园模式

1. 模式目标

打造基础设施完善、生产环境整洁、生产设施整齐、生产过程清洁、产业布局合理的美丽新田园。

2. 解决问题

主要解决当前衢州两区提升和高标准农田建设中存在的以下关键问题：① 农田季节性撂荒抛荒、果园失管；② 农田生产性景观退化，造成田园生态功能弱化和生态产品质量不高；③ 农业投入品和废弃物造成的田间生态环境污染问题。

3. 模式内容

衢州市坚持“多规合一”，把美丽田园建设融入到大花园建设中，与城乡规划、国土规划、交通规划、旅游规划等充分衔接，高质量谋划建设方案；以农业两区为重点区域，进一步优化主导产业结构和布局，改造提升生产设施，营造环保型、景观型等生态基础设施，加强基础设施配套，同时聚焦“四边一区”（田边、路边、沟边、水边以及群众反映强烈的区域），全面开展田园整治、“四边三化”工作，集中连片洁化、绿化、彩化，大力发展稻香农田、精品果园、道地药园、放心菜园、美丽花园、清新茶园、生态牧场、清洁鱼塘、多彩林场，推进农业特色强镇、田园综合体、农创客孵化园等融合化平台建设，把农业建设成为美丽幸福产业（图 8–2）。

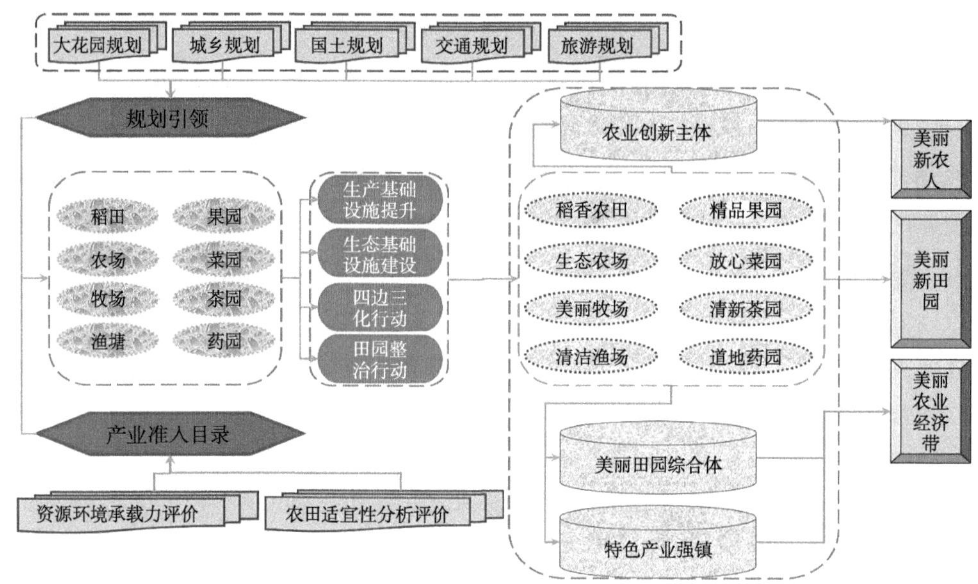

图 8–2　衢州市新美丽田园模式

（二）多产融合生态循环模式

1. 模式目标

围绕“种养结合、区域消纳、生态循环”，以多样化的生态农业模式为抓手，加快转变农业发展方式，促进种植业养殖业平衡协调发展，形成全域生态循环农业格局。

2. 解决问题

主要解决衢州市农业生态环境保护方面存在的以下关键问题：① 秸秆综合利用仍有较大提升空间；② 种养产业链脱节，粪污处理不及时、不充分；③ 农药、化肥使用量仍有很大减量空间。

3. 模式内容

以环境资源承载力为基准，科学布局、因地制宜，利用先进的种养结合模式、"稻 +"共生模式、立体复合农业模式等，将农作物秸秆、畜禽粪便、农业残膜和农药包装物等废弃物转化为可再次利用的资源，变废为宝，实现物质和能量的循环利用；以实施化肥减施增效、农药增效控害、产地环境监测等为抓手，有效治理农业面源污染，保障全市农业生产安全、农产品质量安全和生态环境安全；打造全市范围内的物质流、信息流和资金流的三循环，改善农业环境，构建新型的多层次循环农业生态系统（图 8-3）。

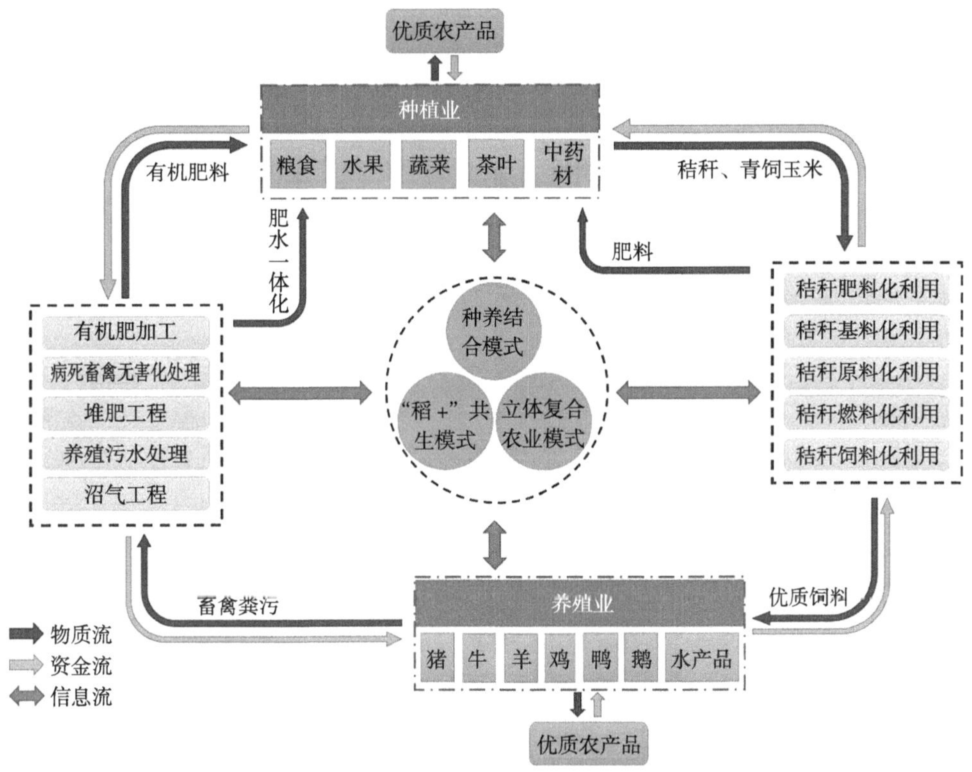

图 8-3　衢州市多产融合生态循环模式

（三）放心农产品全链追溯模式

1. 模式目标

以农业供应链服务为核心，以利益为纽带，契约为手段，追溯为支撑，构建绿色"全链可追溯"农业供应链体系，保障衢州农产品消费安全。

2. 解决问题

主要解决当前衢州农产品供应链中存在的以下关键问题：① 农业生产前端（基地端：农场、企业）和销售后端（市场端：超市、酒店、食堂、电商）融合对接不充分；② 农产品安全信息中断，信息获取困难；③ 农产品标准和品质/质量不统一。

3. 具体内容

衢州市采取“统一标准 + 三级监管 + 多场景运营 + 责任链条可溯”的标准化产业化模式，建立从农产品示范基地到餐桌的封闭性生产流通环节，依靠市场机制倒逼农业生产者建立生产标准体系、选品标准体系、物流标准体系、第三方检测标准体系和政府监管标准体系，实现对农产品“从农田到餐桌”的全程质量管控，预期对“三衢味”区域品牌下的农产品实现 100% 可追溯，支撑衢州放心农产品供应，满足目标市场对安全和健康农产品的绿色消费诉求（图 8-4）。

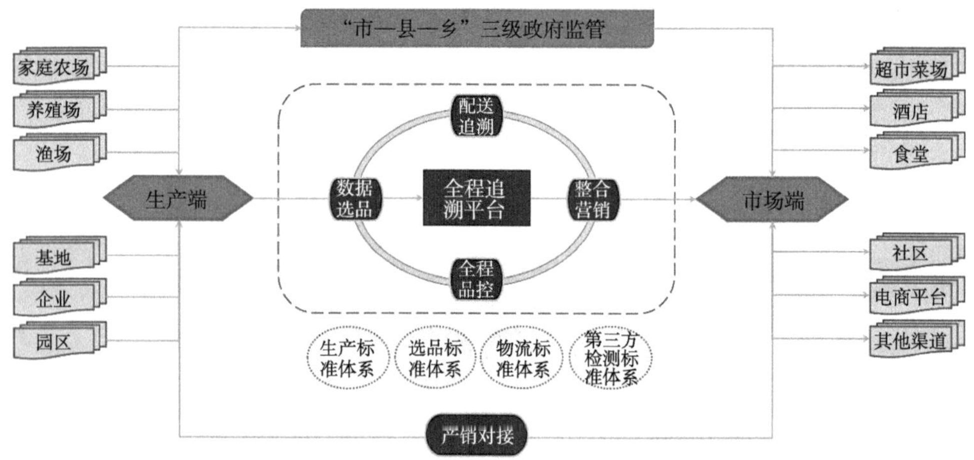

图 8-4　衢州市放心农产品全链追溯模式

（四）农产品上行新零售模式

1. 模式目标

以消费者的感受、消费者的体验、消费者的诉求为中心，以差异化、品质化、融合化和智能化为核心，以大数据技术为驱动，借助“互联网 +”打造农产品上行新通路。

2. 解决问题

主要解决传统农产品零售模式存在的以下主要问题：① 传统零售以“生产”为核心环节，无法满足消费者个性化、定制化等多元需求；② 农产品批发市场的先天优势不断弱化；③ 许多地标性产品缺乏自身农产品品牌，附加值低、品质难以管控。

3. 具体过程

衢州市顺应数字化、个性化、多元化的消费需求，发展柑橘、茶叶、中药材、食用菌等特色优势产业，开发特色农产品，打造新零售村；政府与电商公司共同搭建集农业电商公共服务中心、体验中心、培训中心为一体的电商公共管理中心，为农产品上行提供检验检测、质量追溯、电商人才培养、行业咨询、产业交流活动、线下村民电商培训等多项农业电商公共服务，构建完善的服务体系；按照“互联网 +”思维，以培育“特色产业 + 新零售”为重点，推进互联网农产品销售平台做大做强，以大数据运用、线下体验、线上消费为重点，促进电商平台与传统农业产业链深度融合，形成优质农产品上行的新零售模式（图 8–5）。

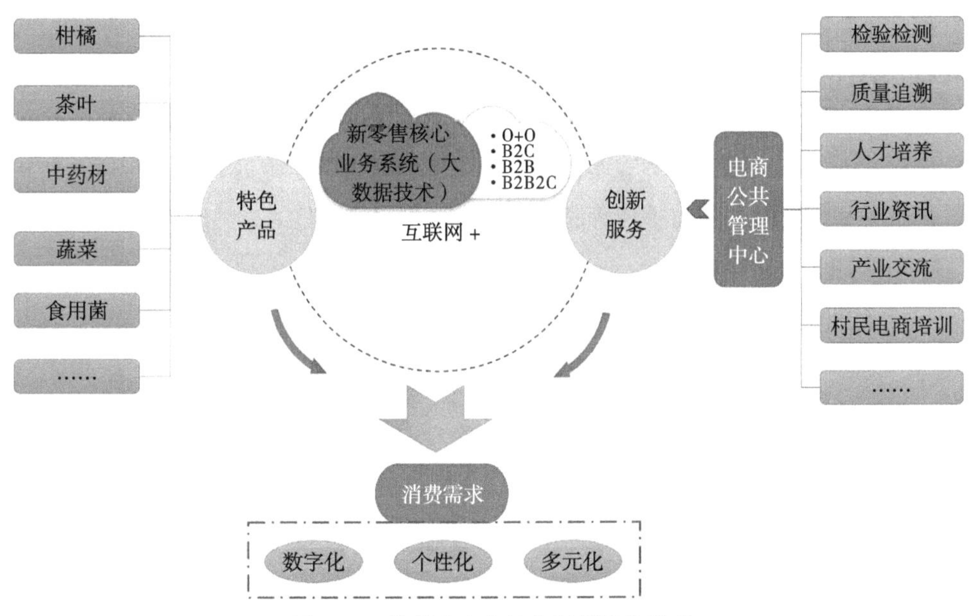

图 8–5 衢州市农产品上行新零售模式

（五）可持续乡村未来社区模式

1. 模式目标

围绕社区全生活链服务需求，以人本化、生态化、数字化为价值导向，以“邻里、风貌、产业、交通、教育、康养、文化、治理”八大场景创新为引领，打造全国首批生态社区、联合国首批乡村可持续社区，满足乡村居民对绿色、低碳和美好生活的向往。

2. 解决问题

主要解决衢州市美丽乡村建设中存在的以下短板问题：① 一些地区农村人口老龄化、村庄“空心化”现象比较突出；② 现代农业产业发展乏力；③ 乡村文化生活贫乏。

3. 模式内容

衢州以创业型、康养型、休闲型、绿色农业型等6类乡村未来社区试点为建设区，锁定“乡亲乡贤＋旅客创客”特定人群，参照浙江省关于城市未来社区建设的“三化九场景”33项指标体系，借鉴联合国可持续社区标准体系，结合试点区乡村实际，依托大数据、物联网、人工智能、5G场景应用，融合古村、农耕、休闲、文创、研学等元素，植入世界尖端技术理念和管理经验，突出“场景塑造＋社群营造”两大任务，打造集新型社区、产业平台、新生活方式中心、商旅景区四位一体的“乡愁综合体”，实现“线下自然田园生态家园，线上移动智慧万物互联”，达到“共创、共建、共治、共享”目标，将乡村未来社区打造成幸福生活的样板区、生态宜居的标杆区、产业融合的示范区、基层治理的创新区，推动和带动衢州乡村整体跨越式发展（图8-6）。

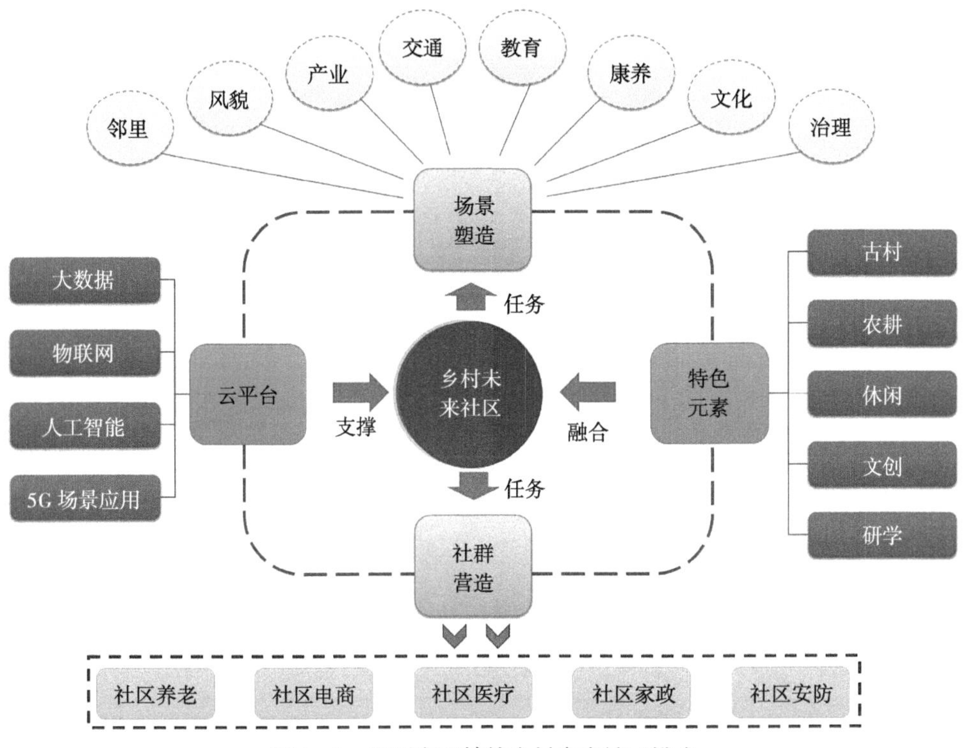

图8-6　衢州市可持续乡村未来社区模式

第九章 衢州农业绿色发展主要任务

更加突出绿色可持续发展导向，进一步深化农业供给侧结构性改革，调整优化农业功能分区和产业空间布局，坚持农业生产基地化、农业产业融合化、生产链条循环化、农业产品优质化、乡村环境美丽化等“五化”并进，提高农业土地产出率、劳动生产率和资源利用率，提升农业产业发展质量与综合效益，保护和改善农业生态环境，促进现代农业绿色可持续发展。

一、农业生产基地化

（一）调整优化区域生产力布局

强化空间规划布局，优化产品结构、产业结构、区域结构，做强做优稻油、蔬菜、柑橘、畜禽、食用菌等产业，做深做精茶叶、中药材、蚕桑等传统特色产业，积极发展生态高效养殖，构建与资源环境承载力相匹配的农业生产新格局。

（二）深化农业“两区”建设

按照“吨粮标准、永久保护”和“建管并重、整体提升”的要求，把粮食生产功能区全部划入永久基本农田保护示范区，协同推进粮食生产功能区和高标准农田建设，14 个省级粮食生产功能区（5.7 万亩）全部完成提标改造，打造区域粮食安全有效供给的核心区。通过集聚资源要素、提升产业层次、拓展农业功能等途径，创新农业生产、经营、管理方式和资源利用方式，加快打造省级现代农业园区和综合园区建设，提升农业产业化水平。

二、农业产业融合化

（一）推动农业全产业链建设

鼓励农产品加工企业引进新设备、采用新工艺和新技术，重点发展一批起点高、规模大、带动力强的农产品精深加工企业，在农业优势产区和关键物流节点，引导农产品加工业集聚集群集约发展，打造集生产、加工、流通、休闲体验、销售服务等为一体的产业规模超10亿元的农业全产业链10条以上，为农业绿色发展增加新动能。

（二）构筑农村产业融合发展新平台

培育“一区一镇”，加快打造农业“两区”升级版，以地方特色产业为基础，农旅融合发展为主线，依托生态资源优势和历史文化内涵，通过开发农业多功能，加快发展休闲、创意农业，促进生产、消费、体验互动，实现“三生”（生产、生活、生态）有机融合和“三农”（农村、农业、农民）统筹发展，打造7个主导产业强、生态环境美、农耕文化深、农旅融合紧特色农业强镇。

（三）培育壮大农村产业融合主体

支持200家以上农业龙头企业重点发展农产品加工流通、电子商务和农业社会化服务，通过直接投资、参股经营、签订长期合同等方式，带动农户参与农村产业融合发展。大力培育农业社会化服务组织，重点发展全过程、全产业链的现代农业服务企业，推进农业社会化服务示范组织建设。扶持管理规范、运营良好、联农带农能力强的农业企业、农民合作社、家庭农场做强做优，打造一批农业产业化联合体。

三、发展模式循环化

（一）实行多样化的生态农业模式

衢州市地形复杂，结构为“七山二水一分田”，气候、土壤和降水量等自然条件具有明显的地域差异性和垂直差异性，模式要遵循因地制宜原则。河谷平原模式选择，要兼顾考虑地形多样、产业结构复杂特点，充分利用丰富的秸秆资源，采用废物利用资源再生、闭式循环模式，技术范式有：种养结合模式、沼气生态循环农业模式、稻鱼共作轮作模式等。丘陵山地模式选择，要考虑山地居多、农业生产条件较差、相对落后，选择模式时，要充分发挥山地自然资源和环境优势，采用立体复合农业模式，技术范式有：立体种植模式、乡村旅游观光模式、生态畜牧业生产模式和林下种养模式。

（二）形成全域生态循环农业格局

农业生产经营主体内部应用种养配套、清洁生产、废弃物循环利用等技术，实现主体小循环。在生态循环农业示范区内，通过建设推广环境友好型农作制度、农牧结合模式、集成减肥减药技术、秸秆综合利用，实现园区中循环。以县域为单位，通过产业布局优化、畜禽养殖污染治理、种植业清洁生产、农业废弃物循环利用，推动低碳农业试点示范［开发沼气工程、生物质发电等碳交易（CDM）项目］，整体构建生态循环农业产业体系，实现县域大循环，基本构建起点串成线、线织成网、网覆盖县的低碳绿色农业建设体系。

四、农业产品优质化

（一）大力推广农业绿色生产技术

围绕茶叶、蔬菜、水果、中药材、食用菌、畜禽等特色优势产业，大力推广优质专用作物品种，强化绿色化、生态化生产技术推广应用，围绕病虫害防治、投入品减量增效、贮藏保鲜、废弃物利用开展针对性配套技术研发，实施产地环境保护修复，在生产过程提升农产品品质优化。

（二）全面构建农产品质量管控体系

加强食用农产品合格证管理，全面构建市、县、镇统一的农产品质量安全追溯平台，加强农产品质量安全防控管控，强化特色农产品质量安全风险评估预警，推进农产品质量安全诚信体系建设，组织开展农产品质量安全放心县创建工作，为衢州市放心农业和放心农产品供给保驾护航。

（三）深入实施农业品牌振兴行动

推进品牌创建和整合，着力打造一批有影响力、文化内涵的优质农产品区域公共品牌，引导经营主体大力创建名企、名品、名牌，培育一批浙江省“品字标”品牌农产品食品企业。鼓励农业生产主体参与绿色食品、有机食品、森林食品和农产品地理标志“三品一标”认证。加强品牌宣传和营销平台建设，组织参加重点国际性展会，办好农产品展示展销和推介活动，打造衢州农业“金字招牌”，推动衢州从“质量时代”向“品牌时代”迈进。

五、乡村环境美丽化

（一）打造新时代美丽田园

全面开展美丽田园建设攻坚行动，以田园垃圾清理、失管田园整治、“四美”田园创建为重点，改造提升生产设施，配套植物篱、缓冲带、生态岛屿等生态基础设施建设，分类有序推进美丽田园建设，落实美丽田园整治任务，形成“田成方、树成行、路相通、渠成网、房成景”的新田园风貌，建成一批景色优美、体验美妙、内涵美好的美丽新田园。2022 年，建成 100 个美丽新田园。

（二）新时代美丽乡村建设

持续深化“千村示范、万村整治”工程，系统优化乡村空间布局，连片打造美丽乡村群落，重点推进 18 个美丽乡村群落景区化建设，打造美丽乡村风景带。衢州乡村全域提升人居环境，推进农村垃圾、污水、厕所专项整治“三大革命”，高标准推进村庄清洁行动。大力推进村庄设计，加强乡村特色、风格、色调、式样引导和管控，鼓励规划和艺术下乡。加强古村落保护利用和乡村非物质文化遗产保护，重点保护发展 60 个传统文化古村落，积极利用乡土文化、手工技艺、传统节庆等，打造一批具有特色文化村，以 12 个美丽乡村示范乡镇为重点打造美丽乡村标杆乡镇。打造精品点、特色村和精品线路，形成点线面片结合的浙西（衢州）美丽乡村群落格局，着力打造“美丽于形、魅力于心、形神兼备、村景一体”的新时代美丽乡村，让农村成为宜居、宜业、宜游的美丽幸福家园。

第十章
衢州农业绿色发展重点工程

围绕重点任务、重点区域和重点产业，着力实施对现代农业绿色发展具有引领性、示范性和可操作性的八大建设工程和支撑项目。

一、农业“两区”绿色提升工程

围绕“集聚、特色、精品”和绿色发展，以农业“两区”提升为载体，统筹实施一批粮食生产功能区提标改造项目、现代农业园区建设项目、特色农业强镇创建项目和现代生态渔业园区建设项目，推进蔬菜、水果、畜牧等主导产业转型升级，茶叶、蚕桑、中药材传统产业和中峰、乌猪、麻鸡等特色畜牧业振兴发展，为农业两区树立新标杆，支持现代农业产业提升。

专栏1 农业“两区”绿色提升工程

1. 粮食生产功能区提标改造

以提升粮食生产条件、建设吨粮田为核心，对尚未达到吨粮标准的粮食生产功能区进行提标改造，主要包括修复或新建排灌沟渠道、机耕路、机坡、泵站以及农用电网等农田基础设施，新建、修建与粮食生产功能区相配套的水稻育秧、谷物烘干和农机综合服务等中心，种植绿肥、秸秆还田、增施有机肥等土壤培肥措施，提高土壤有机质含量，无重金属化学物质污染，推广千斤粮万元钱、水旱轮作、间作套种等高效生态种植模式。全市全面建成省级粮食功能区 59 万亩，新建和提升粮食生产功能区 5.7 万亩，柯城区 0.2 万亩、衢江区 1.2 万亩、龙游县 1.4 万亩、江山市 1.5 亩、常山县 1.7 万亩和开化县 0.7 万亩（图 10–1）。

2. 现代农业园区建设

在全省率先全域推进“31066”行动计划，充分利用农业综合开发平台，重点打造省级现代农业综合区和省级现代农业园区，以推进全域土地综合整治为重点，加快推进土地要素向区域平台集聚，积极打造 12 个产业现代农业园区，推进园区建设提质升档。2025 年，建成省级现代农业园区 12 个以上，其中，省级现代农业综合区 8 个，省级现代农业园区 4 个（图 10–2）。

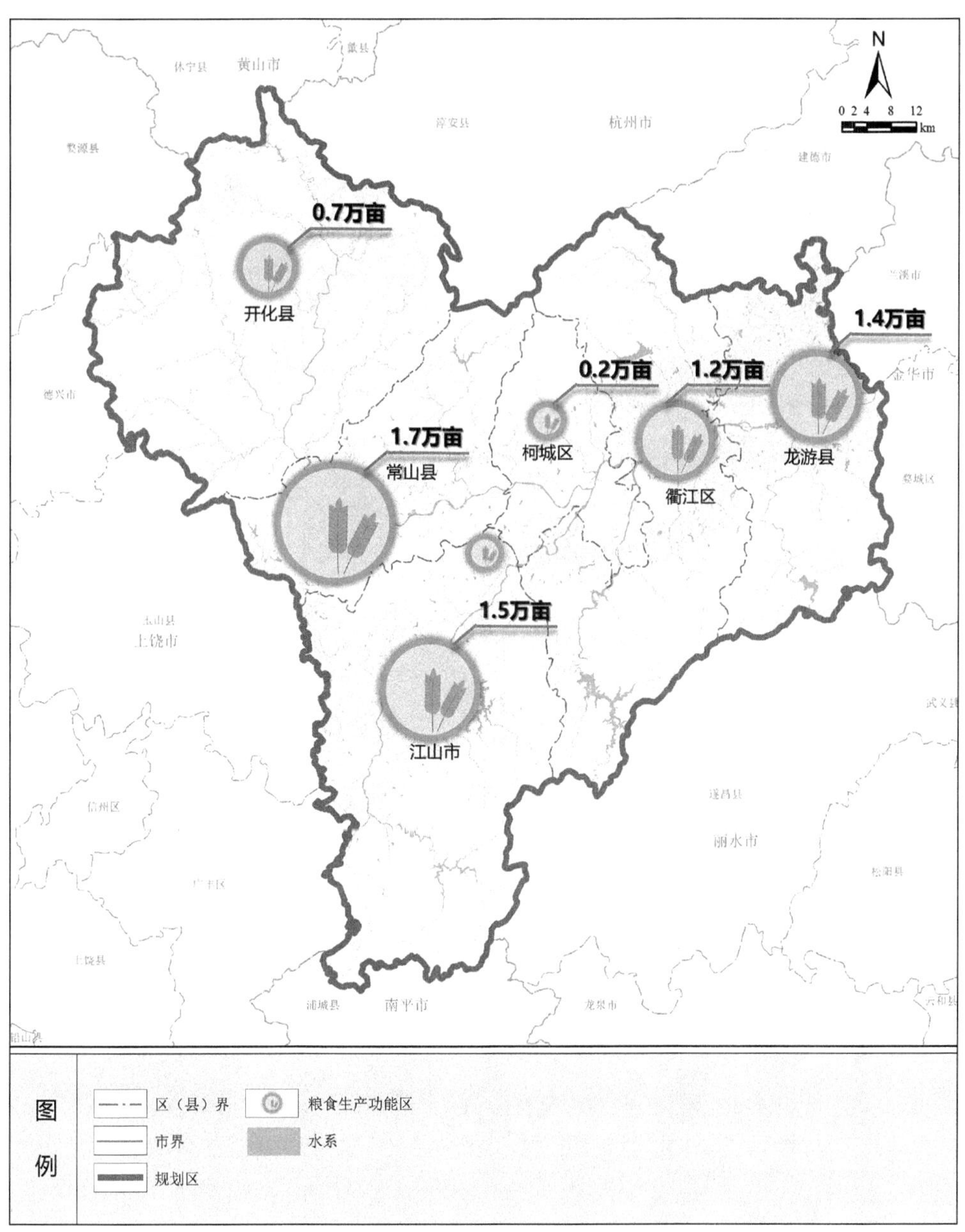

图 10-1　衢州市粮食生产功能区布局图

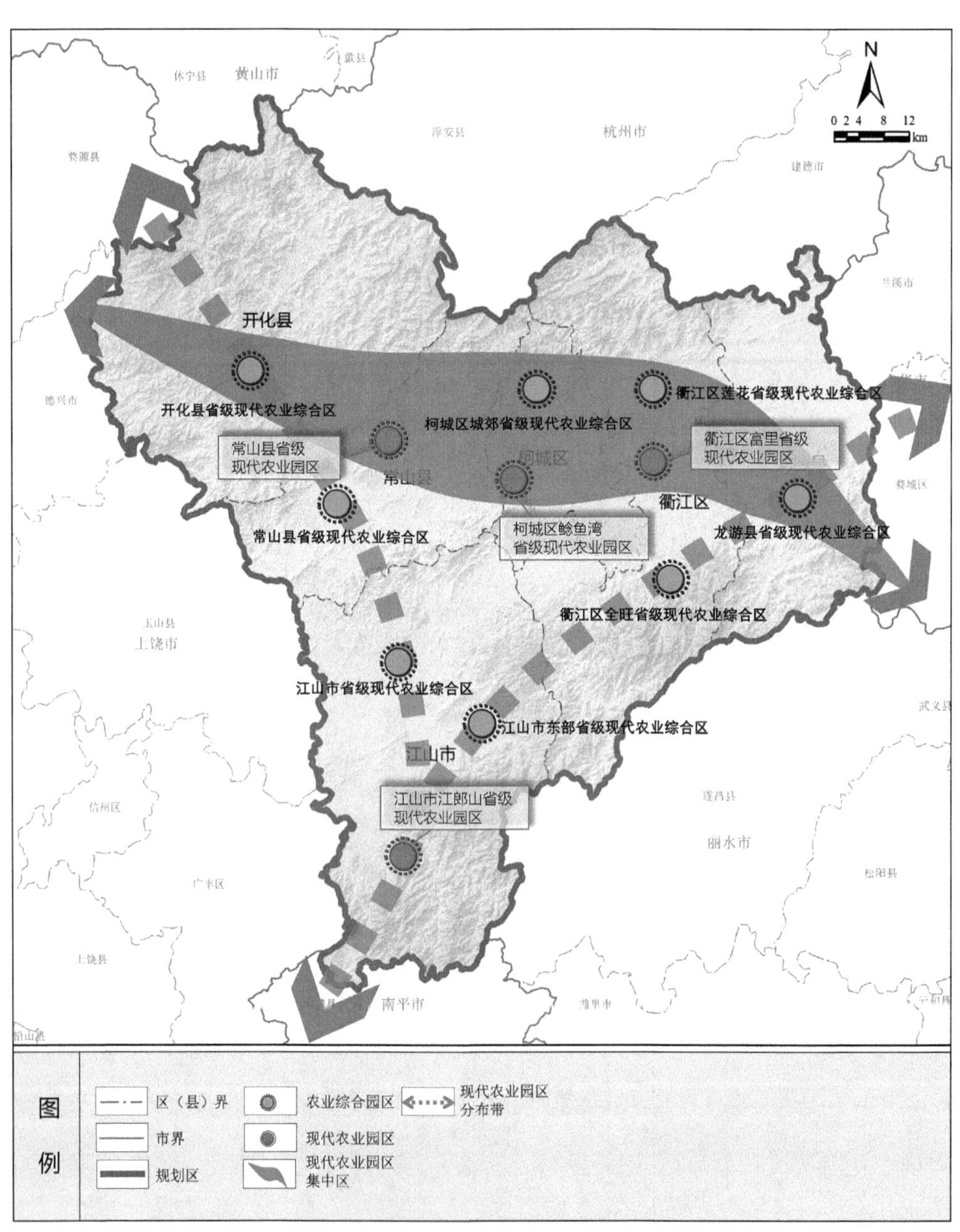

图 10-2 衢州市现代农业园区和现代农业综合区布局图

3. 特色农业强镇创建

以行政建制镇（乡）为范围，合理规划农业生产、休闲体验、公共服务、旅游接待等功能区块，建立一整套农业文化（名特产品、生态景观、民俗风情等）挖掘、保护、传承和利用措施，重点打造江山市长台蜂业、开化县齐溪茶叶、柯城区沟溪水果、常山县青石胡柚、开化县杨林水稻、常山县东案胡柚、江山市塘源口猕猴桃7个特色农业强镇，加快产业要素向强镇平台集聚，特色农业强镇至少建成2个以上有一定知名度的休闲农业观光点，年接待游客20万人次以上，休闲农业年总收入5 000万元以上。2025年，培育市级以上特色农业强镇10个以上，其中7个省级特色农业强镇（图10–3）。

4. 现代生态渔业园区（基地）建设

选择基础设施条件较好的渔业园区、示范养殖场、稻田养鱼等区域，实施生态洁水渔业养殖和稻鱼共生轮作，发展“设施型”生态洁水渔业，在精养开发的小山塘（池塘）、渔业园区、规模化繁育基地、苗种场等区域，配套引进工厂化循环水设施，实施水产养殖塘生态化（净化处理）改造工程和规模化水产养殖尾水自动监测系统建设工程，发展“改良型”生态洁水渔业，养殖高经济价值特色品种，在保护生态环境的前提下，实现高密度、高产值、高效益和低排放，有效拉伸、延长产业链。主要有：① 洁水健康养殖。柯城区石室乡稻鱼（鳅）共生（轮作）基地；衢江区莲花镇耿山村以北涧峰畈的莲花现代生态渔业示范区；全旺镇尹家畈的全旺现代生态渔业示范区；杜泽镇杜泽畈的杜泽现代生态渔业示范区。② 高效生态渔业。柯城区巨化街道、石室乡鲟鱼主导产业园；衢江区全旺镇浙江华瀚鳖业有限公司、莲花镇稻鱼共生轮作、廿里镇太阳鱼特色养殖基地；龙游县龙洲街道省级渔业主导产业示范区、横山镇、湖镇镇特色渔业产业区；江山市新塘边镇赛华家庭农场、虎山街道生态甲鱼养殖场、碗窑乡溪流性鱼类示范场。③ 清水鱼养殖。开化县何田乡、长虹乡、苏庄镇、齐溪镇等清水鱼传统养殖区等地。至2022年年底，生态洁水渔业养殖模式推广8万亩，产量突破2万t，产值达到8亿元，年产值达到7亿元（图10–4）。

5.“稻+”综合种养生产基地建设

选择水源条件好、排灌方便、耕作层较深和无污染等基础条件较好稻田，根据稻田实际情况开挖环形或者“目”形鱼沟，加高加固田埂，做好拦鱼防逃设施，科学核定水域养殖容量，严禁施肥，控制投饵，建设稻鱼、稻鳖、稻鳅共生轮作等综合种养模式，减少农药化肥使用，提高粮食、水产品质量，实现稳粮养鱼增收减排绿色发展。稻田综合种养主要布局在龙游县龙洲街道、罗家乡、湖镇镇、詹家镇、横山镇、溪口镇、石佛乡、东华街道、小南海镇；常山县球川镇、同弓乡、紫港街道、白石镇、何家乡、辉埠镇、天马街道、金川等重点产粮区；开化县池淮畈、杨林畈、音坑畈等粮食主产区等区域。2022 年年底，稻鱼共生

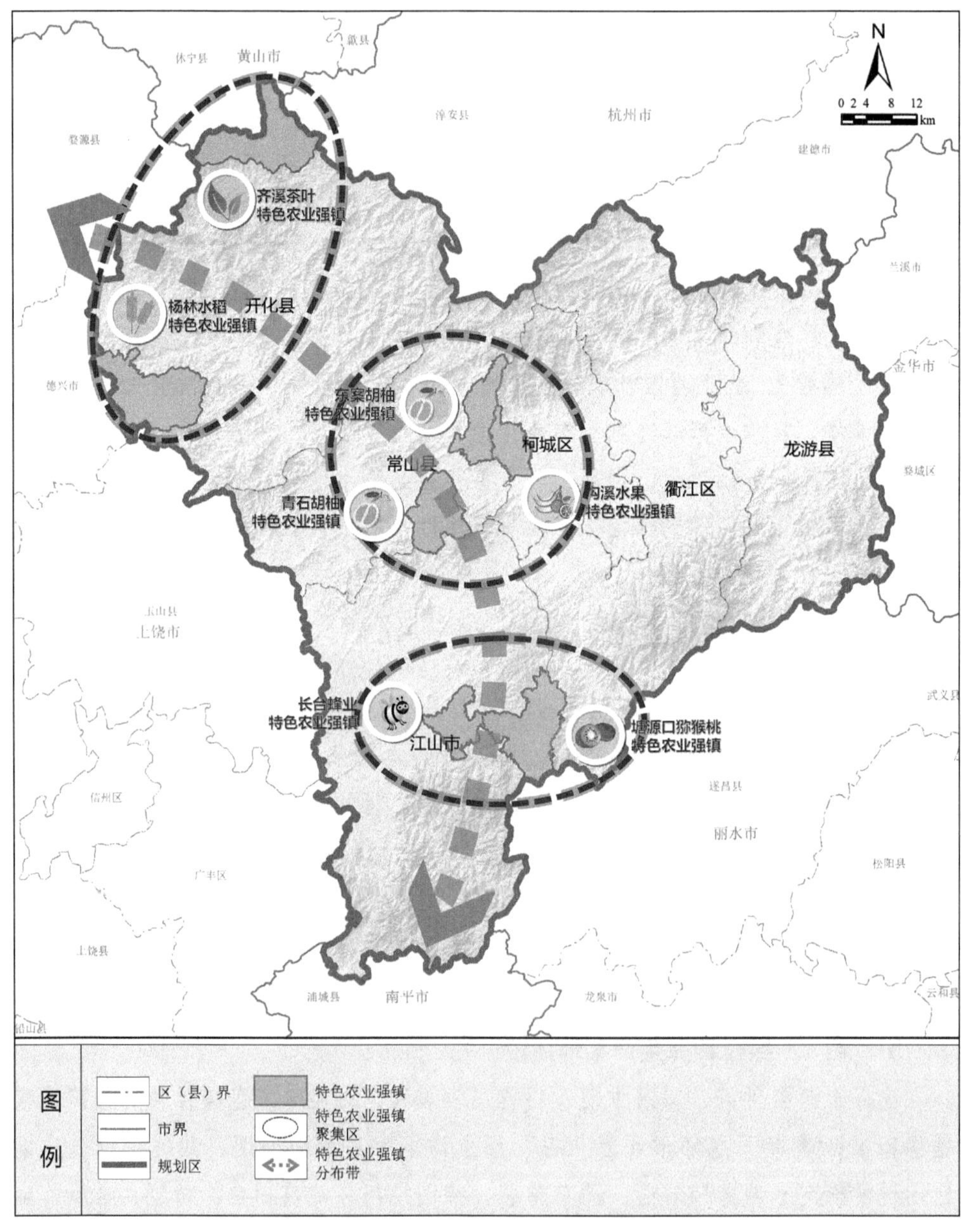

图 10-3　衢州市特色农业强镇布局图

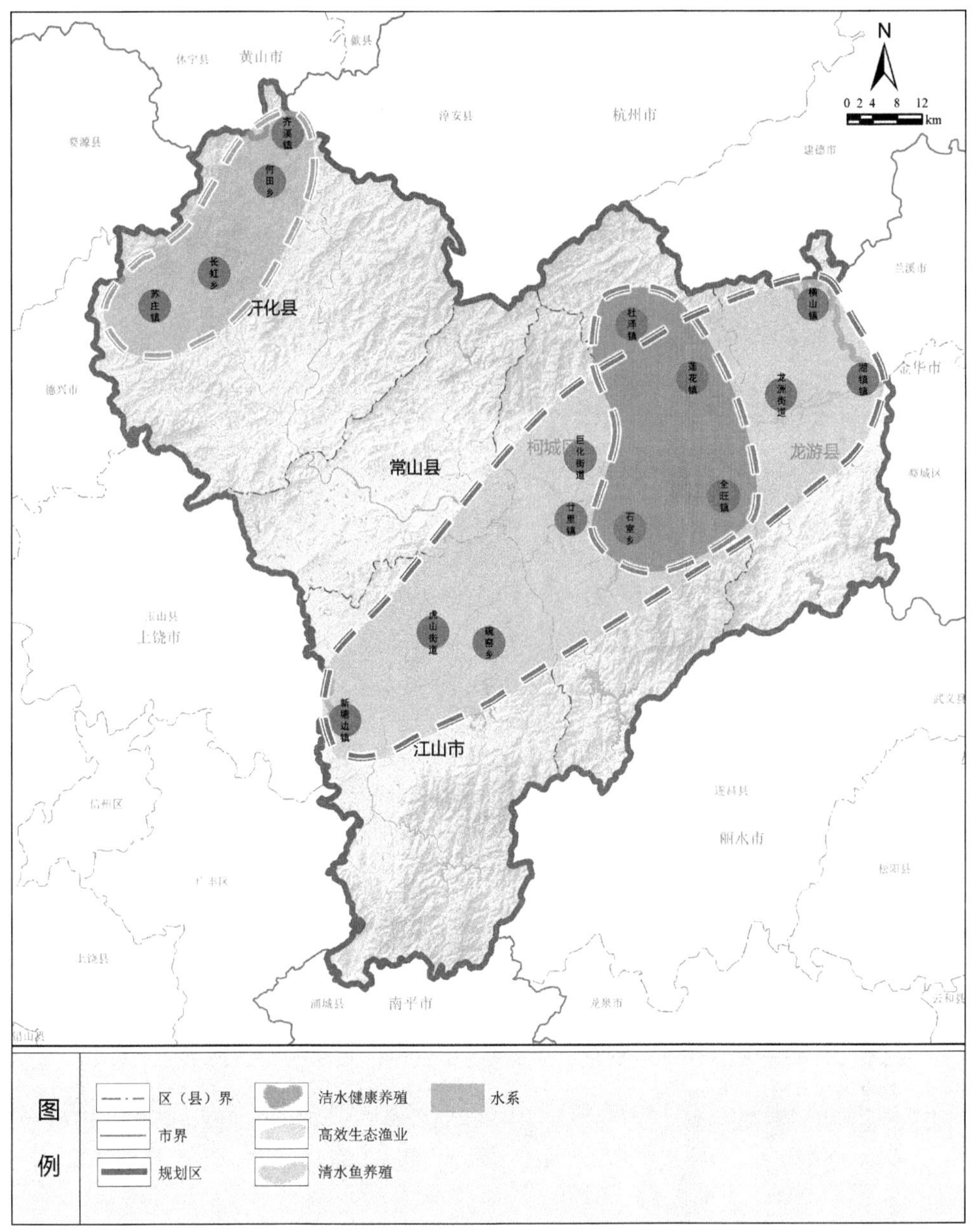

图 10-4 衢州市现代生态渔业园区 / 基地布局图

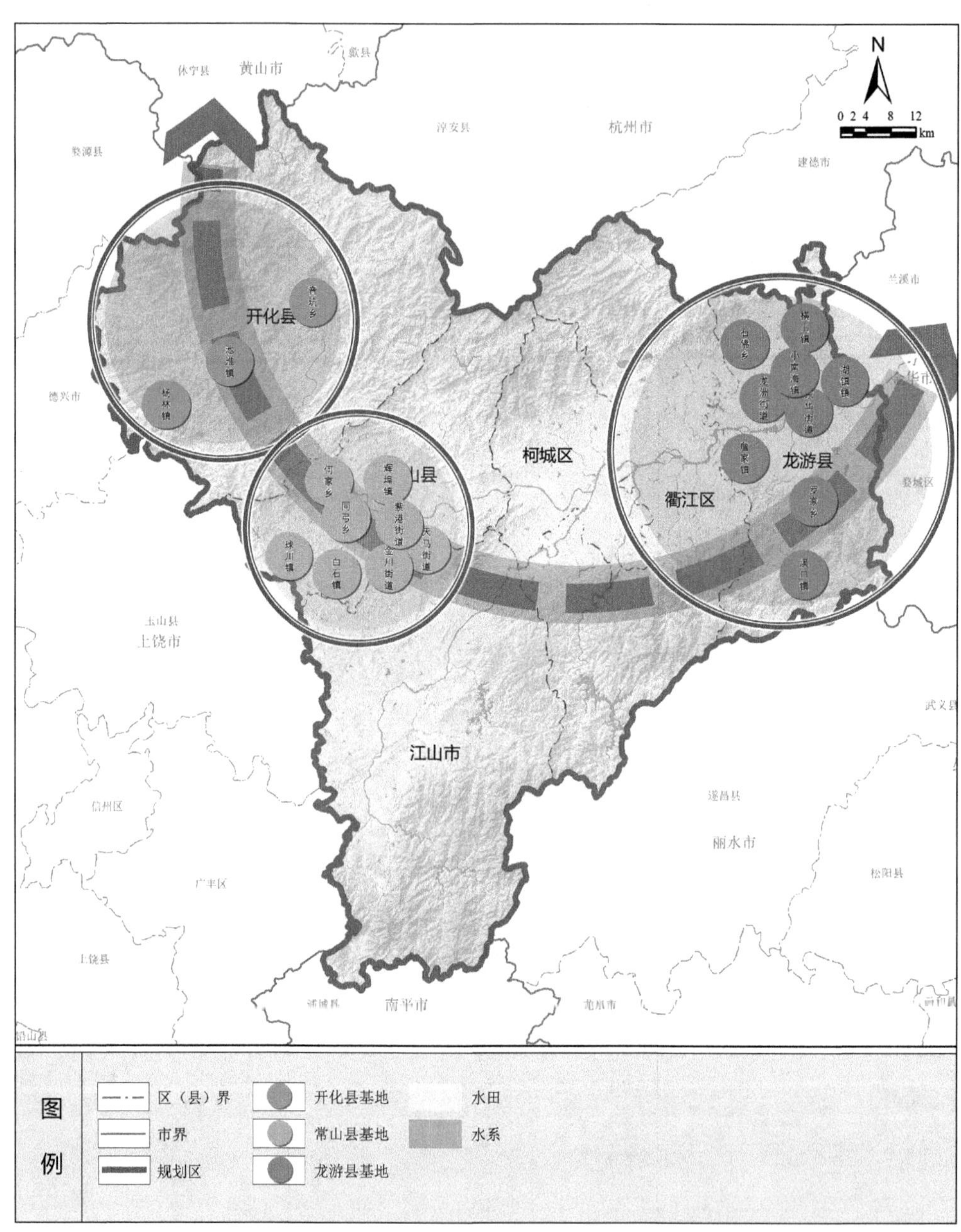

图 10-5 衢州市“稻 +”综合种养生产基地布局图

轮作养殖区面积达 3 万亩，水产品产量 0.2 万 t，产值 0.5 亿元（图 10-5）。

二、农业智能装备提升工程

（一）创建农业领域“机器换人”示范县

研究制定农机新补贴办法，加快推广先进适用农机化新技术新装备，建设水稻机器换人、茶叶机器换人和畜牧业机器换人示范县，重点提升水稻、茶叶、畜牧等产业机械化水平。

（二）深入开展省级农产品质量安全追溯示范创建

通过在农产品生产、加工、检测、配送、销售过程中使用追溯标签，录入生产记录和溯源信息，实现食品安全管理的追溯体系数据管理，重点加快建设联合国世界食品安全创新基地国际示范项目。

（三）逐步推进农业重要污染源在线监管工作

确保市控以上农业重点污染源自动在线监测和高清监控全覆盖，加强各类农业环境业务数据资源的采集，开展乡村环境质量预测预警数据分析、环境执法监管数据分析。

（四）开展发展智慧农业试点

加快推广农业物联网设备、无人驾驶农业机械等智能化装备新产品，打造一批智慧温室大棚、智慧农（牧）场、自动化农业工厂，建设智慧农机装备应用示范基地。

专栏 2　农业智能装备提升工程

1. 水稻“机器换人”示范县创建

在粮食生产功能区内，选择水稻大县，以平原乡镇为重点区域，以农机专业合作社、种粮大户为重点对象，整县推进水稻机械化穴直播、烘干、植保、耕作、收获、筑埂及育插秧标准化作业等技术应用，重点推广乘坐式高速插秧机、大马力粮食收获机械、精量穴直播机、筑埂机、大功率拖拉机、粮食烘干机，以及无人植保飞机、自走喷杆式喷雾机等高性能机械，逐步淘汰老旧机具，在机械穴直播、机械筑埂等技术环节取得突破，整体提升水稻耕种收机械化水平。2022年，水稻耕种收综合机械化率达到85%以上。

2. 茶叶“机器换人”示范县创建

在茶叶大县开展整县创建，选择山区乡镇等重点区域，以茶叶生产专业合作社、茶叶种植基地、茶叶加工企业等单位为重点对象，重点推进机械化修剪、采摘、名优茶加工等技术应用，重点推广修剪机、采摘机、田园管理机及名优茶加工机械，推进茶叶生产的全程机械化、自动化、标准化作业，实现提质增效，促进茶叶产业发展。2022年，茶叶生产（名优茶采摘除外）基本实现机械化（图10-6）。

3. 畜禽养殖“机器换人”示范县创建

将畜牧业“机器换人”工程和“美丽牧场”建设有机结合，选择畜禽养殖大县龙游县，以合作社、牧场、养殖大户等为重点对象，重点推进机械化畜粪处理、自动投喂、饲料加工、温湿自动控制、防疫消毒、病死动物无害化处理等技术应用，重点推广畜粪处理设备、自动投喂装置、饲料加工机组、湿帘降温系统、环境监控系统、卫生防疫等机械设备，推进规模化、自动化、生态型牧场建设。规划期末，规模以上养殖场饲草料加工、自动喂料、禽舍环境控制、排泄物清理、病死动物无害化处理等环节机械化率≥70%，其中自动喂料、环境控制、排泄物清理等环节机械化率≥80%。

4. 世界（衢江）食品安全创新示范基地

依托衢州市衢江区富里改革综合试验区（富里村万亩水田），用更加开放和公平的姿态吸引和导入更多优质的全球资源［联合国工发组织、联合国项目事务署、粮农组织（FAO）、国际农业发展基金会］，融入绿色可持续发展理念，严格按照联合国有关国际事务法规和标准操作，重点打造国际食品安全创新学院、特殊食品创新研发基地和食品安全大数据中心，编制农田管理国际信息化标准，构建检验检测认证体系，协助开展特殊食品产业基地建设，打造千亿级食品安全产业生态集群，建成联合国稳定的农产品和特殊食品供应商，打造区域经济、社会和环境共融的生态圈，将项目打造成能走向全国和世界的示范性项目，为实现联合国《2030年可持续发展议程》发展目标发挥中国价值。规划期末，建成世界（衢江）食品安全创新示范基地（核心区3.8万亩）。

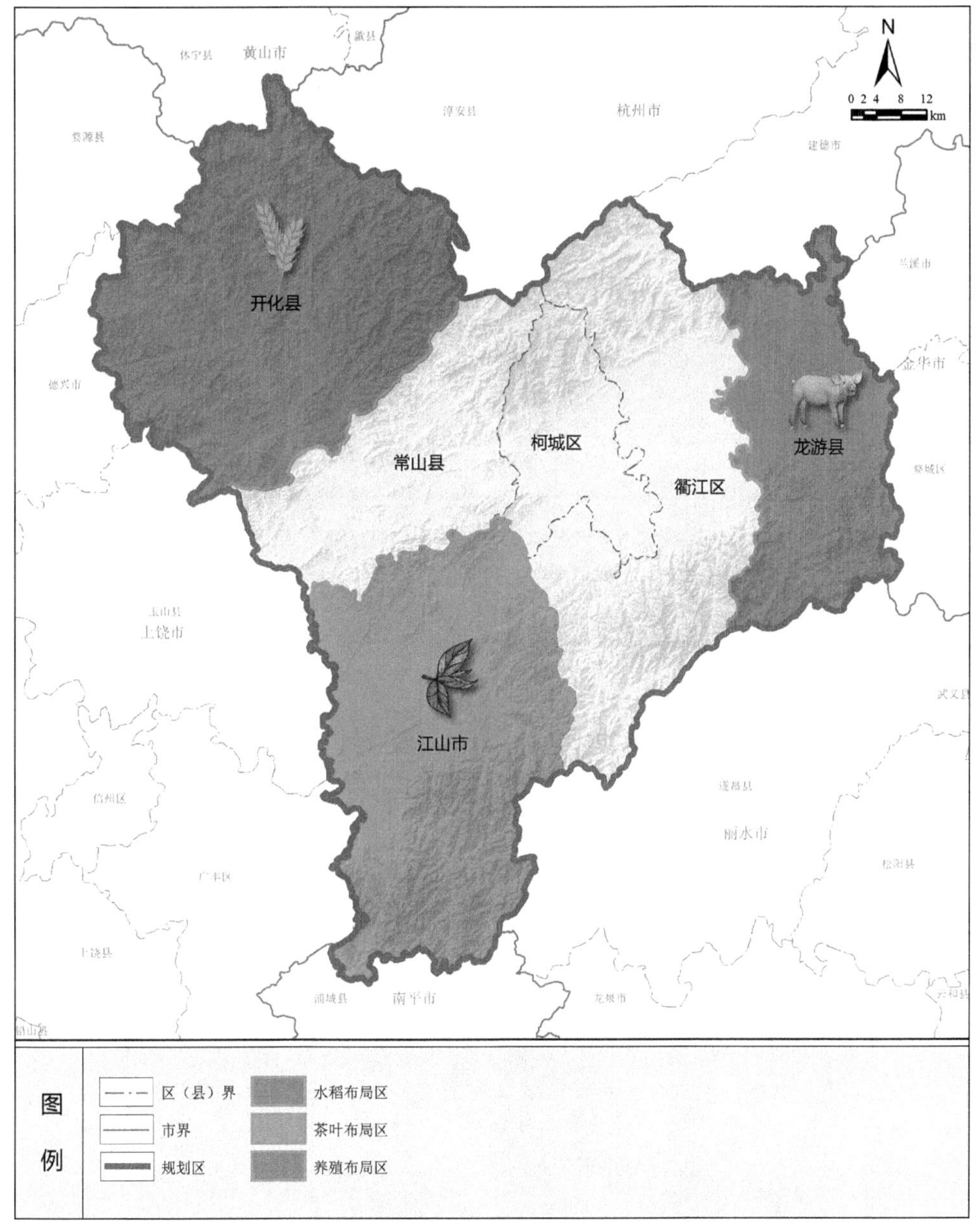

图 10-6　衢州市农业“机器换人”示范县布局图

5. 智慧农机装备应用示范基地

依托家庭农场、设施温室，开展“智慧农业”示范点建设，结合省级“现代化数字牧场”创建工作，充分利用定位标签、在线视频监控、温湿度传感等物联网技术，引进和示范推广基于云计算、移动互联、5G等现代信息技术的智慧农机装备，全面推进农业机器人、无人驾驶农业机械、农业自动化生产加工流水线、农业物联网设备等“智慧农机”应用，实现农业生产过程智能化，塑造“只

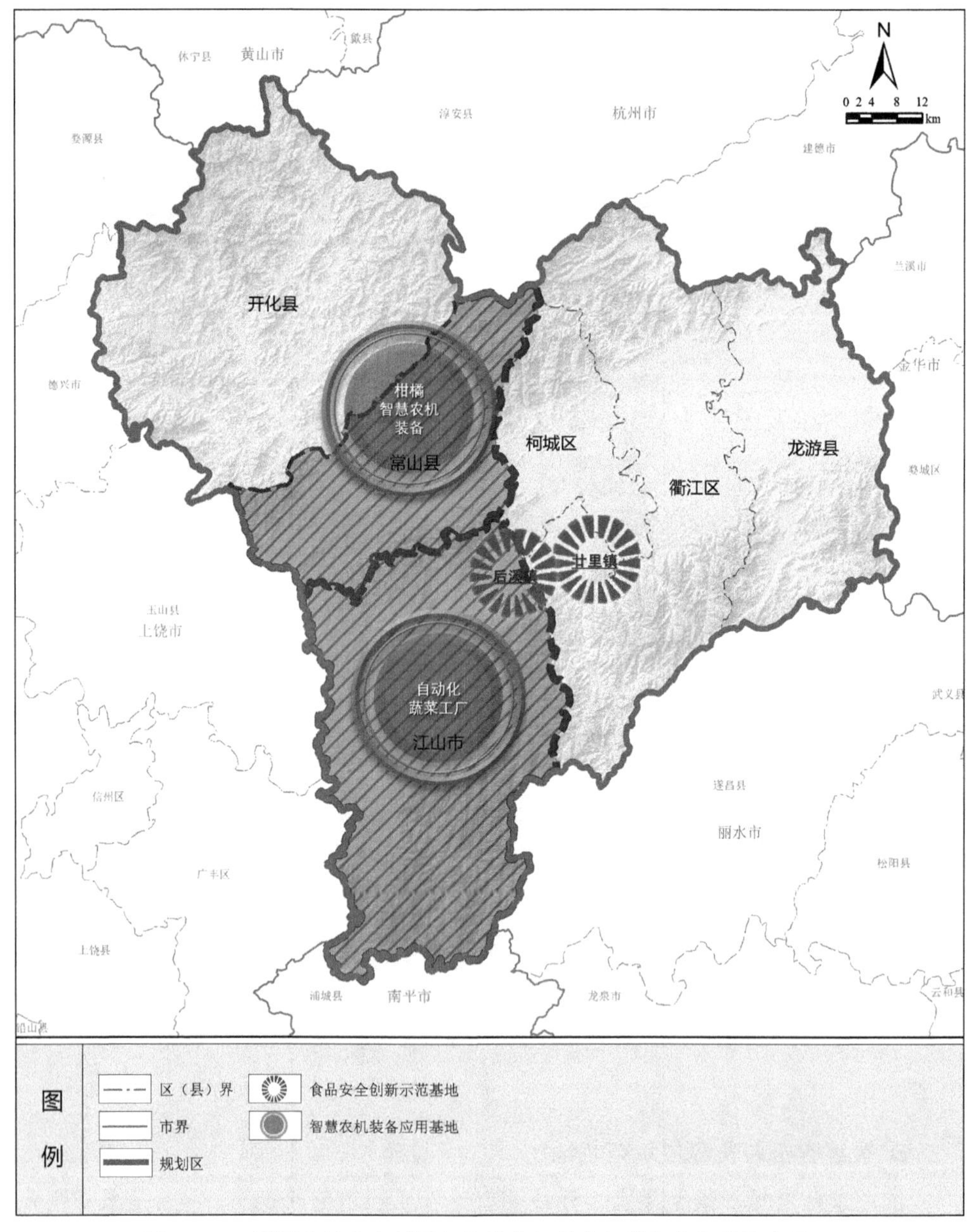

图 10-7 世界食品安全创新与衢州市智慧农机装备应用基地布局图

见农机不见人”的农业生产场景。规划期末，在常山县（全国柑橘产业30强县）建成柑橘智慧农机装备应用示范基地1处，建成自动化农业（蔬菜）工厂1处（图10-7）。

三、农业绿色科技支撑工程

围绕生态环保、资源循环等重点，大力开展高效安全生态种养、安全生态肥料与农药创制、健康营养食品生产加工、特色生物资源培育等技术和模式创新，强化单项产品、技术、设施装备集成与配套熟化，提出主导产业的绿色发展技术集成创新方案，全面构建高效、安全、低碳、循环、智能、集成的农业绿色发展技术体系，系统解决制约水稻、椪柑、道地药材、茶叶、生猪等主导产业绿色发展的重大关键科技问题和技术瓶颈。强化农业绿色发展科技创新平台建设（如试验中心、农创空间、企业研究院等）和科技人才培育（如新农人、农创客、科技示范户），加快现代工业、文化创意等领域成熟技术的转化应用。

专栏3　农业绿色科技支撑工程

1. 农业绿色投入品研制

与科研教学单位合作，申报国家重点研发项目，研发一批绿色高效的功能性肥料、生物肥料、新型土壤调理剂，低风险农药、施药助剂和理化诱控等绿色防控品，绿色高效饲料添加剂、低毒低耐药性兽药、高效安全疫苗等新型产品，突破衢州农业生产中减量、安全、高效等方面瓶颈问题，肥料、饲料、农药等投入品的有效利用率显著提高。

2. 农业绿色技术供给能力提升

引进试验示范一批土壤改良培肥、节水灌溉、精准施肥、有害生物绿色防控、畜禽水产健康养殖和废弃物循环利用、面源污染治理和农业生态修复、轻简节本高效机械化作业、农产品收储运和加工等农业绿色生产技术。加强农机农艺技术集成研究，逐步形成良机良种良法配套、农机农艺融合的技术体系。养殖节水源头减排20%以上，畜禽饲料转化率、水产养殖精准投喂水平较目前分别提升10%以上，农产品加工单位产值能耗较目前降低20%以上。

3. 农业绿色发展低碳模式创设

形成一批水稻、蔬菜、食用菌、茶叶、养殖等绿色增产增效、种养加循环、区域低碳循环、沼气生态农业等农业绿色发展模式，技术模式的单位农业增加值温室气体排放强度和能耗降低30%以上，依托中国林产工业协会，在龙游县开展生物质发电CDM项目试点和沼气工程CDM项目试点。

4. 国家级农业科技示范基地建设

依托中国农业大学、农业农村部生态总站等绿色发展国家级科技咨询单位，由张福锁院士牵头，建成省级高水平农业科技示范基地（科技农场）1个，配置5名专职人员，形成“院士 + 专家团队 + 地方服务小组 +N个省级科技引领示范村（镇）”的产学研用协同创新和推广应用模式，开展重点品种全链条技术协同指导推广，制订衢州农业绿色发展指数并发布衢州农业绿色发展报告。

5. 农业“机器换人”试验中心建设

围绕制约衢州农业绿色发展“机器换人”技术瓶颈，衢州农业农村局、衢州学院和衢州农业科学院共同建立衢州市农业机器换人推广服务中心（即“机器换人”试验中心），开展“机器换人”技术攻关，集成推广先进技术，为企业应用农业机器人、自动化设备或改造农产品加工流水线提供前期试验，降低企业机器换人风险，建立衢州市农业机器换人推广服务中心，建设地点在柯城区浮石路。

6. 重点企业绿色发展研究院建设

选择衢州市省级及以上农业龙头骨干企业或者农业科技企业，协助企业与高校院所建立稳定的产学研合作关系，帮助引进技术转化和产业化的项目，增加企业科技创新和自主研发投入，建立市重点企业研究院年度报告制度，优秀市级重点企业研究院优先支持其承担省级和市级重大技术创新等专项，优先支持创建省级重点企业研究院、省级重点实验室（工程技术研究中心）等创新载体，在农业绿色发展领域引进和培育一批省级龙头企业重点研究院。

衢州市农业绿色科技支撑体系布局见图10–8。

7. 农业创新主体培育

在12个特色强镇建设一批返乡农民创业基地，积极引导大学生、留学生、大都市高端人才等群体返乡创业，成立衢州市农创客发展联合会，以种养大户、家庭农场向有创新精神、创业热情的“农创客”转型为重点，每年定期开展衢州十佳“农创客”评选活动，壮大陈涌君、饶胜男等一批有情怀、有学历、有闯劲的新农人，扶持培育市级以上“农创客”“新农人”1 000名以上。

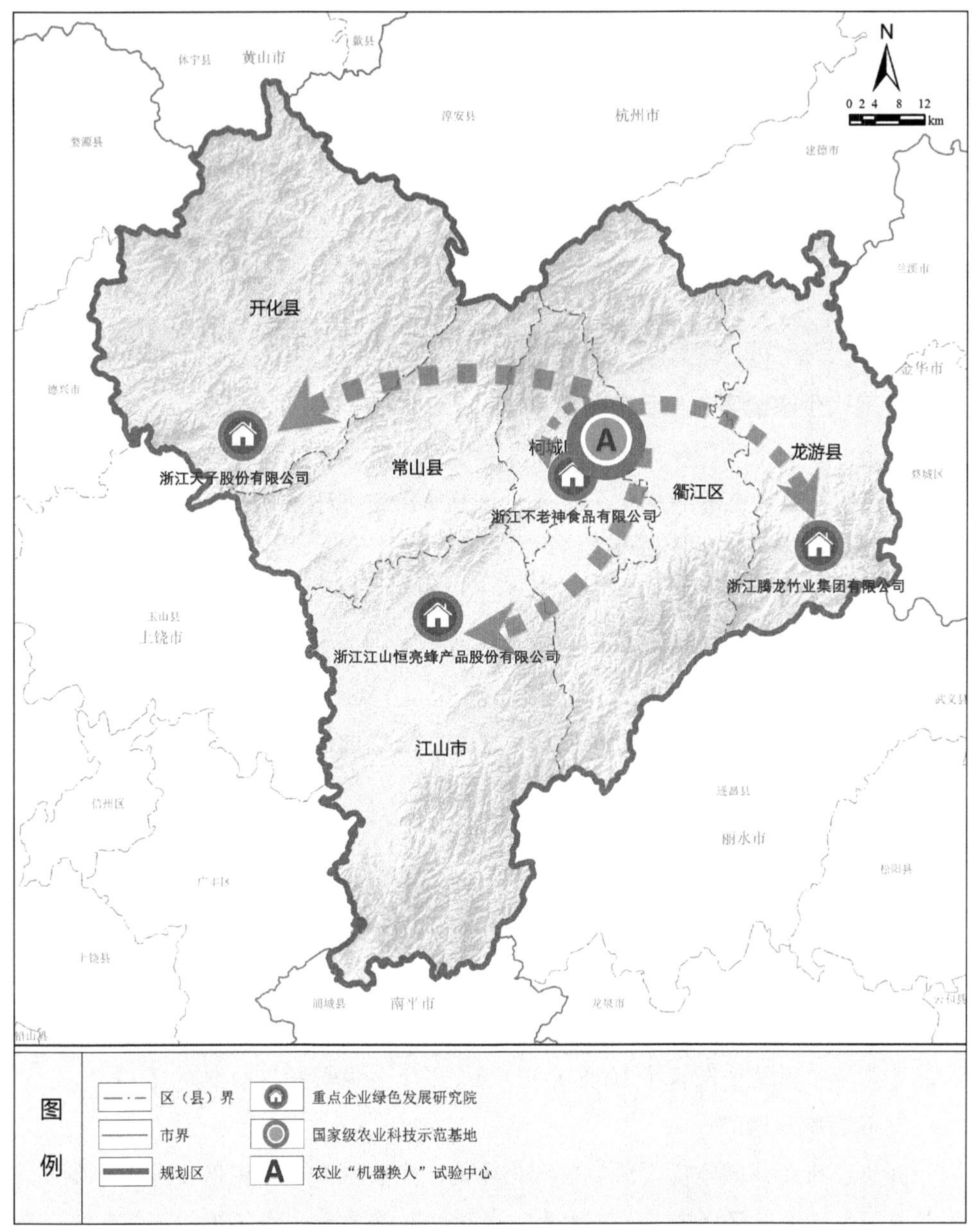

图 10-8　衢州市农业绿色科技支撑体系布局图

四、生态循环农业建设工程

围绕浙江省农业可持续发展规划目标任务和加快转变农业发展方式、促进农业绿色发展要求，重点建设现代生态循环农业示范创建项目、化肥农药减量增效项目、废弃物资源化利用项目（畜禽粪污、秸秆等）、投入品包装废弃物、农膜回收处置项目、重点地区土壤污染防治项目和生态农场建设项目，扎实推进产业生态布局、农业生产清洁、废物循环利用、科技集成应用、制度机制创新，着力构建现代生态循环农业绿色产业体系，建设全国现代生态循环农业先行区。

专栏4　生态循环农业建设工程

1. 现代生态循环农业示范创建

深化“十百千万”现代生态循环农业示范创建，加快发展种养结合、农牧结合、农渔结合等生态养殖模式，推广设施渔业、综合种养和开展林下、林间立体开发模式，积极探索种养加旅等循环链接新模式，构建农业循环经济产业链，全产业、整市域推进，在衢州市6个县（市、区）整建制推进现代生态循环农业，打造农业绿色发展先行区。集聚要素、集成技术、集中亮点，推进示范创建和农业多种功能融合，加大财政投入，打造23个省级农业绿色发展先行区和116个市级农业绿色发展先行区，构建起点串成线、线织成网、网覆盖全域的现代生态循环农业三级循环体系（图10–9）。

2. 化肥减量增效

以农业“两区”为主平台，以主导特色产业为重点，深化测土配方施肥技术，扩大配方肥应用覆盖面，加大商品有机肥、沼液、秸秆还田、绿肥种植等有机养分替代力度，大力推广微生物肥料、缓控释肥等新型肥料和肥水一体化技术，提高肥料利用率。在全市范围整县制推进化肥定额制实施，确保商品有机肥和配方肥年使用量分别保持10万t和3万t以上，绿肥种植面积超过12万亩。

3. 农药减量增效

加快农作物病虫害监测预警信息化建设，完善监测预警信息化平台，加强预测预报，加大高效环保农药推广力度，推进病虫害专业化统防统治与绿色防控融合、植保领域“机器换人”，加大农药减量技术应用示范，提高农药利用率。规划期末，病虫害绿色防控100万亩、统防统治800万亩（图10–10）。

4. 养殖粪污资源化利用科技创新

围绕畜禽养殖污染治理及治污设施建设、水禽旱养、散养密集区粪便收集、养殖粪便循环利用、沼气工程、“三沼”利用、美丽牧场建设等，推进畜禽排泄物资源化利用和畜牧业转型升级（图 10-11）。到 2020 年建设江山市畜禽排泄物资源化利用、龙游县农业废弃物资源化利用、衢江区沼液浓缩高效综合利用等国家级重大项目。

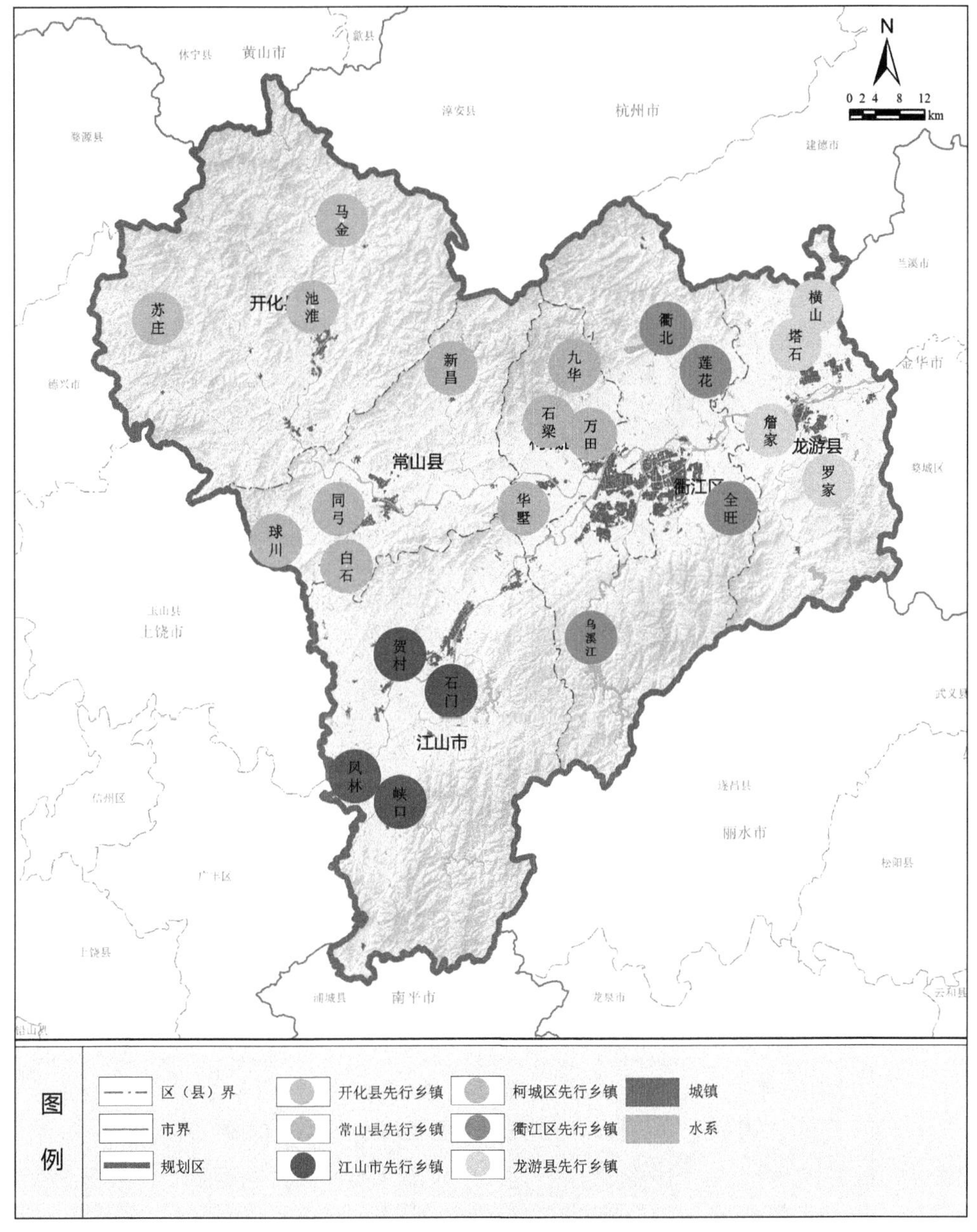

图 10-9 衢州市 23 个省级农业绿色发展先行区布局图

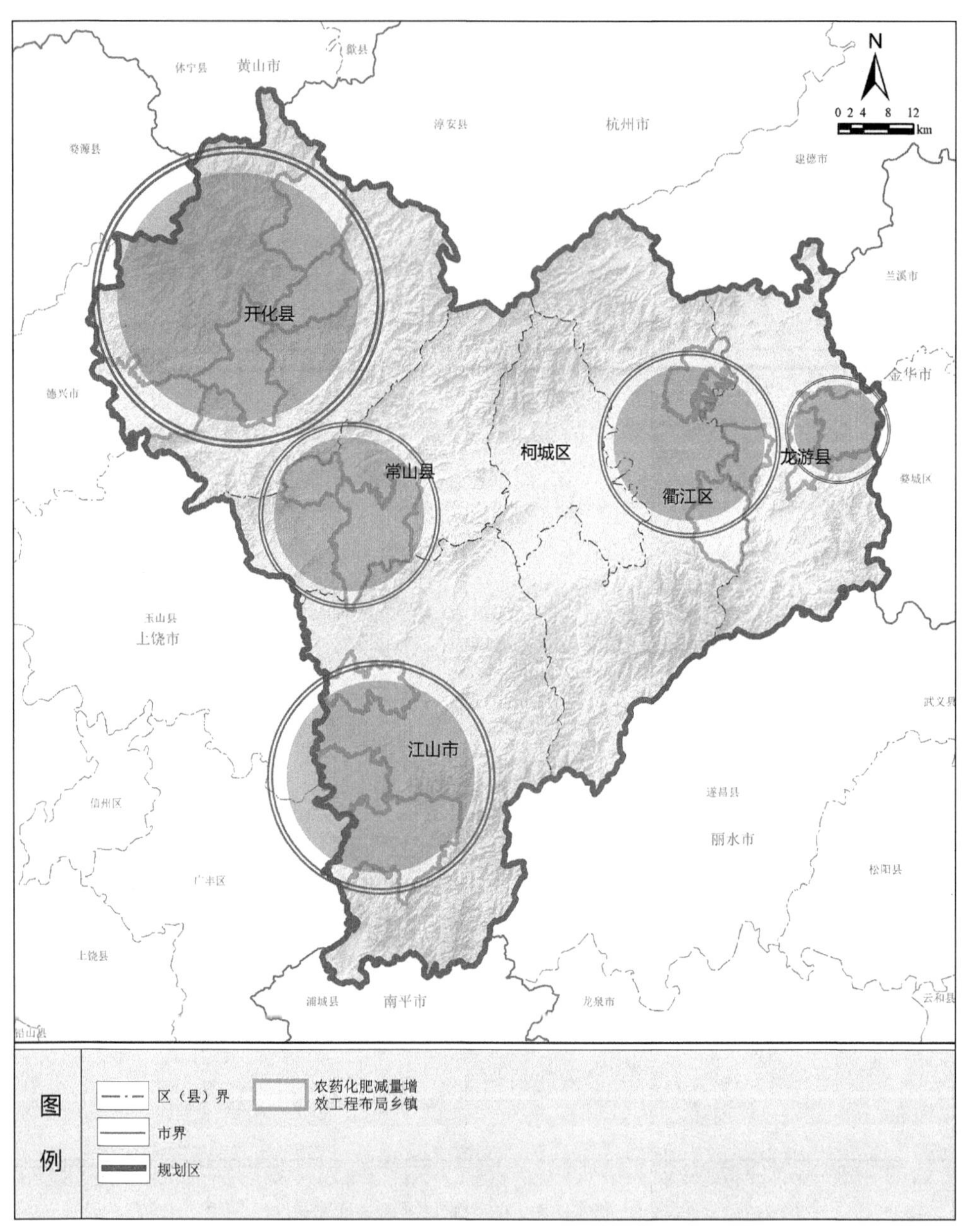

图 10-10　衢州市化肥农药减量增效实施区域布局图

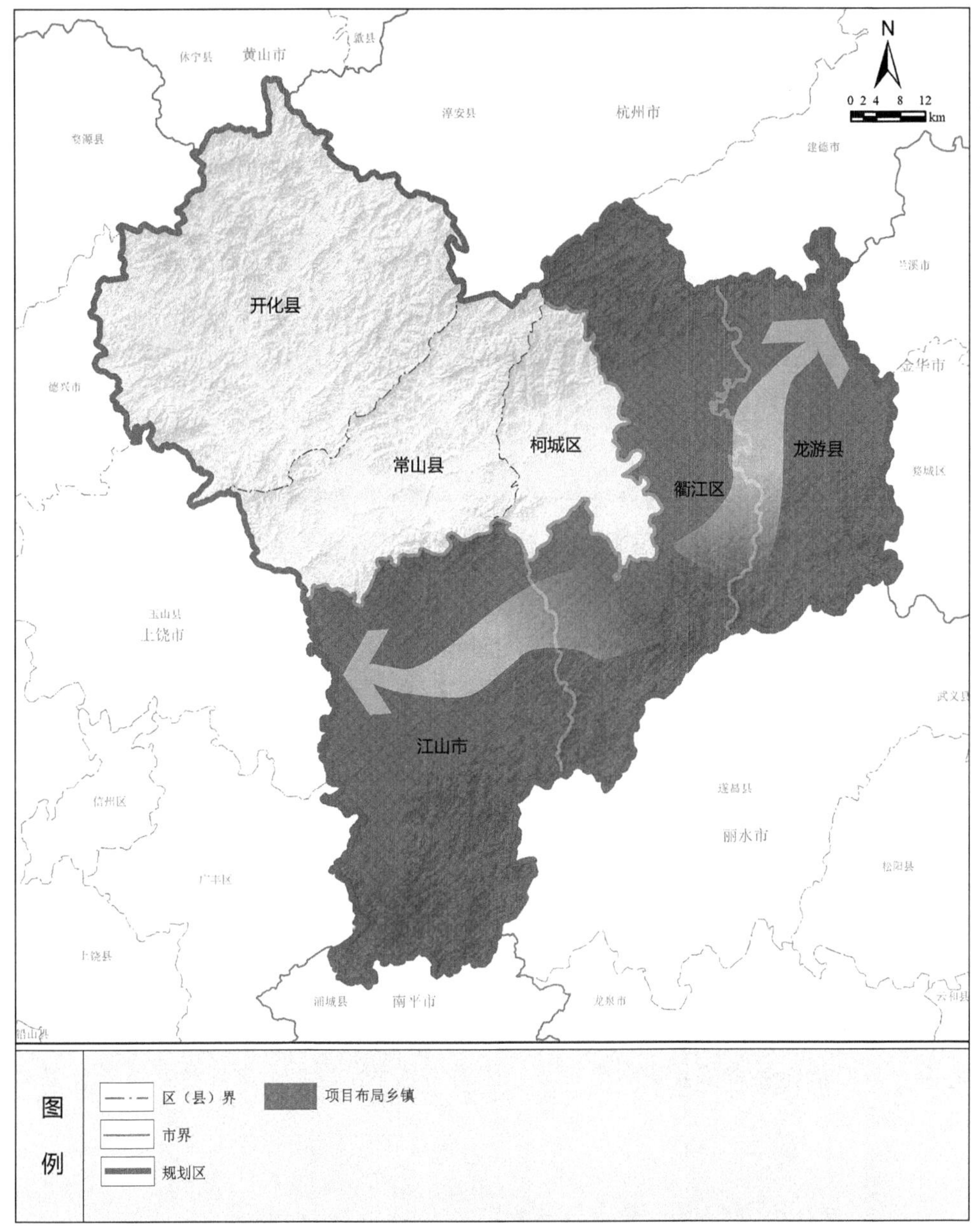

图 10-11　衢州市养殖粪污资源化利用重大科技项目布局图

5. 秸秆全量化利用样板县创建

围绕农作物秸秆肥料化、饲料化、能源化、基料化、原料化利用，建立完善农作物秸秆粉碎还田、收集打捆机械、收贮等补贴政策，推进衢州市农作物秸秆区域全量化利用工作，打造农业农村部秸秆全量化利用样板县。到2022年，完成衢江区农作物秸秆秸秆全量化利用全国试点工作。

6. 农业投入品废弃包装物及废弃农膜回收处置

认真贯彻落实《浙江省农药废弃包装物回收和集中处置试行办法》，按照市场运作、政府扶持、属地管理原则，依托农药经营销售单位建立完善农药废弃包装物回收服务平台，创新回收处置模式，全面推进农药废弃包装物回收处置工作；鼓励和引导农业生产主体和农民自觉回收废弃棚膜、地膜、食用菌棒膜，建立市场化的废弃农膜和肥料包装物回收处理体系。到2022年，全市农药废弃包装物实现基本回收。

7. 重点地区土壤污染防治

在全市永久基本农田内布设75个省级土壤污染常规监测点，在农业“两区”和“一区一镇”建设35个土壤污染综合监测点，在田园型、山水型岸线以及农业“两区”建设3个农业面源污染监测点，强化土壤地力、重金属等指标监测和评价，划定土壤环境质量安全等级，建立完善全市农业土壤污染监测预警体系。以改善土壤环境为基础，开展土壤重金属污染修复治理试点和农业面源污染防治试点，力争形成一批易推广、成本低、效果好的土壤污染防治技术模式。受污染耕地安全利用率达到92%。

8. 生态农场建设

按照生态优良、农牧结合、适度规模、家庭经营的原则，创建若干个外部投入低、农业废弃物全部实现内部循环的生态农场，建立田间生产记录档案，配备农产品质量自检设备，鼓励和支持生态农场开展“三品”认证，聘请中国农业生态环境保护协会指导，按照《生态农场评价技术规范》，创建出一批种养结合型示范生态农场、生态循环型示范农场、休闲创意型示范生态农场和农林复合型示范生态农场。

五、农业绿色标准化工程

大力推行“标准化+”绿色农业，制定新时代美丽乡村、美丽田园、田园综合体、电子商务和农创客等农业新兴业态标准体系，健全农业标准化体系。组织实施标准化示范推广，以“一个产业标准、一张模式图、一套讲解光盘、一本操作手册、一个标准化示范园”为推广模式，每个标准做到区（县）有示范区、乡

（镇）有示范片、村（组）有示范点，加快绿色发展标准体系转化应用，扩大标准化的覆盖面和到位率。加强农业绿色发展标准宣传、普及，引导社会各界评价监督，提升应用水平，引领农业绿色高质量发展。

专栏 5　农业绿色标准化工程

1. 农业绿色发展标准体系建设

研究制定主要作物化肥投入定额施用技术指南，按产业或作物制定化肥减量增效技术标准和绿色防控技术标准；完善农业投入品（肥料、农兽药、渔药、饲料、地膜）质量安全评价标准；以病死动物无害化处理、畜禽排泄物资源化利用、废弃物农业包装物回收处置等为重点，制订农业废弃物无害化处理、资源化利用的标准；以中药材（金线莲）、水稻、柑橘、麻鸡、乌猪等农产品为重点，制定覆盖产地环境、生产过程、产品质量、加工包装、仓储物流全过程的农业地方特色标准。探索建立科学合理、相互适应的农机作业规范和农艺标准。2025 年，构建完善的农业绿色发展标准体系 1 套。

2. 农业新业态标准体系建设

探索制定新时代美丽乡村建设、新时代美丽田园、田园综合体、特色强镇的建设、运行和评价标准，推动产业、文化、旅游“三位一体”和生产、生活、生态融合发展，以标准化手段助推人才、资金、技术等要素向新兴业态集聚，推动衢州市农村电子商务经验和模式上升为国家标准。2022 年，构建农业新兴业态标准体系 1 套。

3. 标准化示范基地建设

依托省级特色农业精品园，利用 7 年时间，建设标准化蔬菜基地 5 个、水果基地 5 个、油茶基地 6 个、标准化茶叶生产基地 6 个、养殖园 5 个、渔业园 10 个，开展特色农产品标准化生产示范。布局为：① 蔬菜基地包括柯城区七里蔬菜精品园、龙游县湖镇蔬菜精品园、常山县天马蔬菜精品园、开化县城关食用菌精品园、龙游县庙下笋竹精品园。② 水果基地包括柯城区华墅椪柑精品园、龙游县沐尘葡萄精品园、江山市双溪口猕猴桃精品园、常山县天马胡柚精品园、常山县球川胡柚精品园。③ 油茶基地包括柯城区五十都油茶精品园、柯城区石室油茶精品园、衢江区大洲油茶精品园、江山市廿八都油茶精品园、江山市虎山油茶精品园、江山市四都油茶精品园。④ 茶叶基地包括衢江区全旺茶叶精品园、江山市双溪口茶叶精品园、江山市凤林茶叶精品园、开化县池淮茶叶精品园、开化县池淮茶叶精品园、开化县齐溪茶叶精品园。⑤养殖园包括龙游县湖镇蛋鸡精品园、龙游县横山肉鸡精品园、江山市碗窑蜜蜂精品园、常山县白石生猪精品

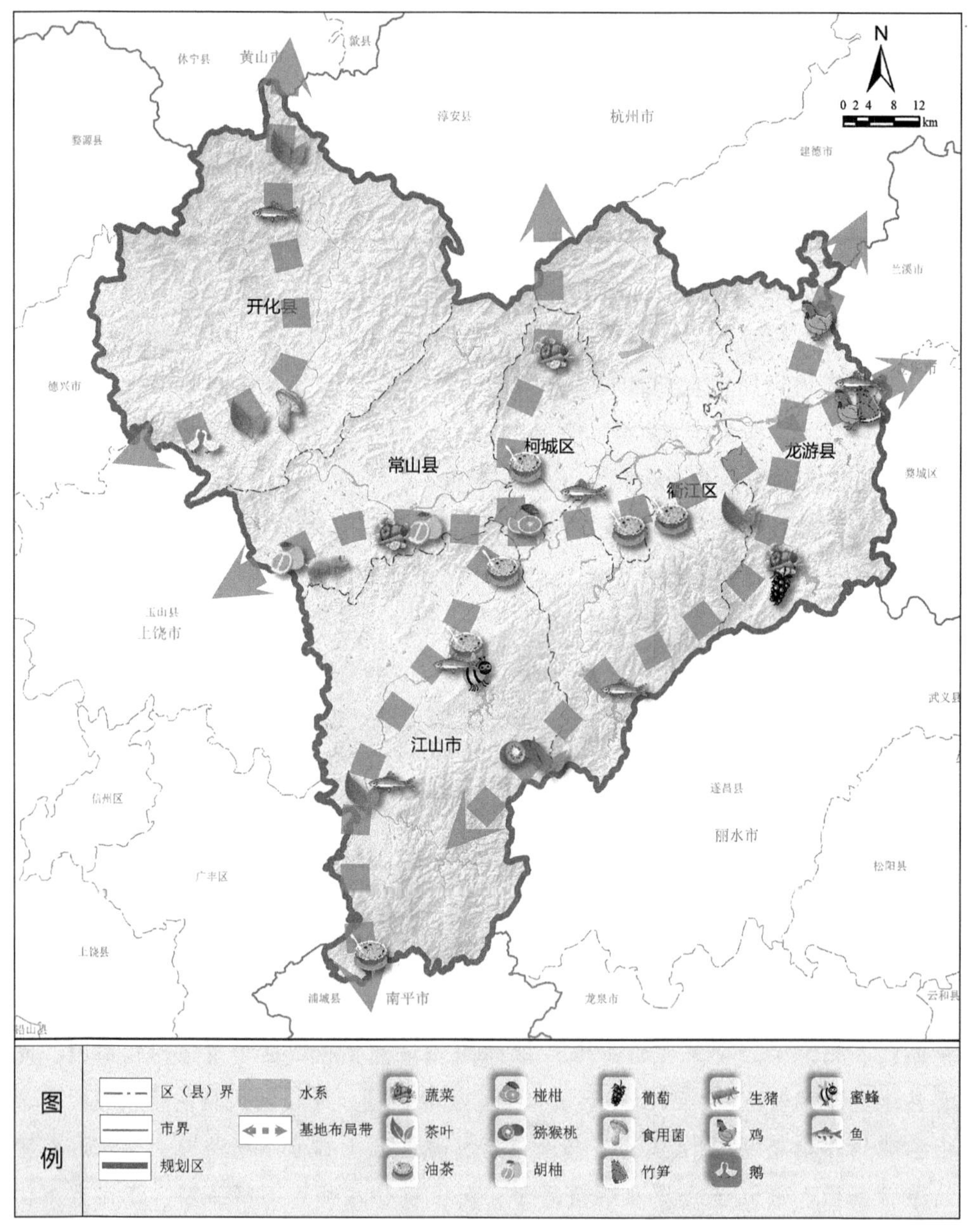

图 10-12 衢州市主要农产品标准化种养殖示范基地布局图

园、开化县桐村朗德鹅精品园。⑥渔业园包括柯城区中央方青鱼精品园、衢江区衢南生态鳖特色渔业精品园、龙游县湖镇观赏鱼精品园、龙游县热带观赏鱼特色精品园、江山市双塔鳜鱼精品园、江山市绿川休闲渔业精品园、江山市天池光倒刺鲃精品园、江山市闲野大鲵精品园、开化县和田清水鱼精品园、开化县清水龙虾精品园（图 10–12）。

六、农业绿色品牌培育工程

（一）做大做强旗舰型农业区域品牌

扶持培育“三衢味”“衢六味”等品牌，启动“三衢味”“衢六味”中国驰名商标申报认定工作，构建“三衢味”“衢六味”营销网络（点），建设规模化、标准化“三衢味”“衢六味”基地。

（二）开展“三品一标”基地建设

实现生态原产地产品认证零突破，组织主体申报“三品一标”认证，培育绿色食品 150 个、有机农产品 200 个、森林食品 200 个，培育省级以上知名农产品品牌 50 个以上。

（三）激活品牌文化价值

将品牌保护延伸至衢州名人名迹领域，将文化元素融入“三衢味”“衢六味”品牌，加强区域品牌文创产品的研发设计、推广使用，赋予“三衢味”“衢六味”农产品更丰富文化内涵。

（四）加强品牌形象塑造和宣传

规范品牌视觉形象识别系统，加强“三衢味”“衢六味”农产品的包装设计和推广使用，提炼“三衢味”“衢六味”品牌宣传口号，拍摄制作品牌专题宣传片，举办茶博会、食博会、农民丰收节等活动，培育农业会展与节日经济。

专栏6　农业绿色品牌培育工程

1.“三衢味”农产品区域品牌建设

成立“三衢味”品牌运营管理公司，加强对“三衢味”品牌的授权、管理、保护、品控、营销，整合、借用各种资源和力量，通过股权投资、合作等方式，构建完善的检测溯源、宣传推广、展示展销等品牌运营体系，拓展精深加工、冷链物流、休闲旅游、培训、金融服务等品牌服务体系，加强全市名特优新农产品的挖掘、遴选和培育，壮大“三衢味”子品牌培育库，通过建档立库、信息咨询、服务培训等方式，强化对“三衢味”子品牌的指导、培育和维权，实现母子品牌共同发展，建立健全涵盖果蔬、茶叶、水产、米面粮油、肉禽蛋等“三衢味”农产品的质量标准体系，依托省市县农产品追溯平台、企业自建平台等推动“三衢味”农产品可追溯化发展，实现产品追溯覆盖率100%，农产品抽检合格率99%以上。2025年，“三衢味”农产品全覆盖，培育一批规模化、标准化“三衢味”基地，建成“三衢味”营销网点200家。

2.“衢六味”道地中药材区域品牌建设

围绕“衢六味”入选品种（衢枳壳、白及、陈皮、猴头菇、白花蛇舌草、黄精6味中药材品种）以及重点培育品种（蜂蜜、白芍、覆盆子、三叶青、莲子、葛根重点培育品种），结合“活力新衢州、美丽大花园”建设总体布局和各地品种种植基础，编制“衢六味”产业发展规划，建设规模化、标准化“衢六味”种植基地，制定“衢六味”基地认定标准、中药材标准、种植栽培技术标准，对衢州中药材进行品质化打造，抓好“衢六味”上牌后的用牌、护牌、强牌措施，加大宣传力度，将“衢六味”打造为衢州市中药材产业高质量发展的一张金名片。2025年，“衢六味”中药材全覆盖，培育一批规模化、标准化“衢六味”基地。

七、新时代美丽田园工程

围绕田园清洁化、生态化、景观化，把“三改一拆”“五水共治”“四边三化”等行动向农田延伸，推进美丽果园、美丽茶园、美丽稻田、美丽花田等“四美”田园创建。通过设施改善，制度规范，环境洁化、绿化、美化，将畜禽养殖场营造为美丽生态牧场，扶持以生物安全提升、畜禽排泄物资源化利用为重点的畜牧业绿色发展示范创建。立足农业特色产业基础，依托生态优势和文化创意，打造集优质高效农业供给、农村文旅体验展示、城乡要素市场支撑、城乡一体公共服务于一体的美丽田园综合体。

专栏 7　新时代美丽田园建设工程

1.“四美田园”创建

以田间地头、路边、水边以及群众反映强烈的区域等为重点，对枯树枝、杂草进行清除，对农药瓶、农药袋等各类农业生产废弃物，建筑垃圾、生活垃圾进行集中清理，对农作物秸秆等有机废弃物科学还田或回收再利用，在田边、河边、路边或沿等高线种植乔灌草复合植物篱（宽 1.5 ～ 2m），粮食主产区面源污染较重地区，建设氮磷生态拦截沟，加强沟渠系统生态修复。果园整治，以行政村为点位，全面开展以失管桔园（橘园每亩枯死大树 1 株以上或枯死大枝 10% 以上的桔园）和弃耕农田（农田面积 1 亩以上且 1 年以上未种植农作物的田块）为重点的田园整治工作，按照集中连片整治的思路，通过种植水稻、蔬菜、中药材、果树等农作物、绿肥或观赏与效益兼备的彩色植物，通过转包、租赁、托管、入股等手段，加速农田土地流转，实现普通橘园变精品园、特色园、景观园。2022 年，实现失管田园基本消除和田园垃圾基本清除“两个基本”，全市失管田园整治率 90%。

2. 美丽生态牧场创建

支持县本级全域规模养殖场（生猪常年存栏 500 头以上或能繁母猪 50 头以上）开展美丽生态牧场建设，实现牧场美化（以合理、科学、适度为原则，突出牧场特点的同时，兼顾与自然环境和谐）、牧场绿化（以经济、实用、美观为原则，尽量达到植物种类多样、绿化层次丰富）和牧场洁化（以保持场区无随意堆放杂物、污水粪便和病死动物及时处置为原则，尽量使可视范围内无明显垃圾，场区内保持整洁），节水、节料、节电、省工的饮水、喂料等配套设备齐全，畜禽排泄物实现全利用。2025 年，建设美丽牧场 1 500 个以上。

3. 畜牧业绿色发展示范创建

严格落实“一场一方案”治理措施，规模猪场和水禽场全部完成生态消纳治理、发酵床治理或“工业 + 生态 + 发酵床”三选一治理，进一步扩大“龙游开启模式”“常山大公模式”“江山石明模式”等大、中、小生态循环模式覆盖面，实现畜禽养殖与生态环境的高度匹配，全力打造畜禽排泄物资源化高效利用“升级版”。2022年，建设畜牧业绿色发展示范县6个。

4. 田园综合体创建

按照农业与农村、生产与生活融合发展要求，科学合理划分田园综合体的核心区、辐射区等功能区块，核心区规划面积原则上为1km²左右，土地资源相对集中连片，辐射区面积，山区为10km²左右、平原地区为5km²左右（核心区、辐射区面积均包括水域滩涂面积），统筹推进田园综合体和美丽乡村建设，区域内村庄达到美丽村庄要求，做强主导产业，形成1～2个优势突出、特色明显并有较强市场竞争力的主导产业，推进农业产业与旅游、教育、文化、康养等产业深度融合，至少有1处休闲观光园，建立健全政府引导、社会组织广泛参与，职责明确、运转高效的田园综合体治理机制。2025年，建设8个国家级、省级和市级田园综合体。

八、新时代美丽乡村工程

实施农村人居环境全面提升行动，全面开展“四边三化”。以“贺田模式”推进农村垃圾革命，全面推行生活垃圾分类处理全覆盖，加强资源化站点运维管理，每年高标准建设一批生活垃圾分类示范村。全面推行厕所革命，普及无害化卫生厕所，按照3A级旅游厕所标准新建和改建提升乡村厕所，推行农村公厕专人负责制。推进农村污水革命，以农家乐集中村、人口集聚村、早期建设村等为重点，开展生活污水治理设施扩容提标，全面实现标准化运维管理。衢州在浙江省率先探索开展乡村未来社区试点，打造美丽乡村建设升级版。积极组织“开化清水鱼”“独特灌溉和水土资源管理系统”等世界（中国）农业非物质文化遗产申报。创建18个省级美丽乡村风景带、60个古村落、15个未来社区。

专栏8　新时代美丽乡村工程

1. 美丽乡村风景带创建

融入美丽乡村“一县一带”创建，引导美丽乡村精品村、“一村一品”特色村组团发展，龙游县定位“灵山江生态休闲运动带”，重点打造龙游士元美丽乡村风景带、古埠盈川美丽乡村风景带、龙游花海美丽乡村风景带，衢江区定位

“福源双溪”百里滨水长廊，重点打造衢北妙源美丽乡村风景带、衢中滨江美丽乡村风景带、衢西畲乡美丽乡村风景带、衢江富里美丽乡村风景带、衢南须江美丽乡村风景带，柯城区定位“香溪桃源·梦里田园”，重点打造柯常溪湾美丽乡村风景带，江山市定位“仙霞古道·世遗江郎”，重点打造江山碗窑美丽乡村风景带、江山淤头美丽乡村风景带、江山石门美丽乡村风景带、江山峡口美丽乡村风景带，常山县定位“柚乡慢城”，重点打造常山辉埠美丽乡村风景带、常山紫港美丽乡村风景带、常山何家美丽乡村风景带，开化县定位“钱江源百里水岸风情带”，重点打造开化桃韵美丽乡村风景带、开化马金美丽乡村风景带，使美丽乡村由“景点”变“景区”，散落“盆景”变成连片成带“风景”。2025 年，打造 18 个美丽乡村风景带（图 10–13）。

2. 古村落改造提升发展

衢州自然村按禁建村（31.95%）、限建村（48.50%）、适建村（19.55%）实施分类管控，以沿江公路和滨江公路两侧 100m 范围为重点，按照“8 个一”（1 个美丽村口、1 个文化礼堂、1 片生态绿化、1 群绿色庭院、1 组特色小品、1 条靓丽村景、1 块美丽田园、1 个整洁村容）标准改造提升乡村风貌，活化利用古村群落，注重传统文化和现代设施展示，加强古村、古桥、古堰、古树等历史文化古迹的认定、登记、保护、修复工作，对古村落重要农业文化遗产挖掘保护，建成农耕文化展示、民俗体验的乡村博物馆。2025 年，修复 60 个古村落（图 10–14）。

3. 美丽乡村示范乡镇创建

在小城镇环境综合整治成果基础上，推进美丽城镇建设工作，选择柯城区的石梁镇、航埠镇，衢江区的廿里镇、高家镇，江山市的峡口镇、贺村镇，常山县的青石镇、何家乡，开化县的音坑乡、马家镇，龙游县的湖镇镇、詹家镇等 12 个乡镇，创建美丽乡村标杆乡镇（图 10–15）。2025 年，建成 12 个美丽乡村示范镇。

4. 乡村未来社区试点

着眼于美丽乡村建设中的短板问题（乡村空心化、产业乏力等痛点），以新时代美丽乡村探索新路为目标，以“人口净流入量 + 三产融合增加值”作为综合指标，锚定乡土化和田园化，打造“依山水、顺地势、路蜿蜒、人易行、低密度、密路网、组团状、屋错落”，形成山、水、林、田、湖、建筑协调呼应的大地艺术景观，硬件上，全面实现 5G 基站全覆盖，软件上，依托微信、微博等超

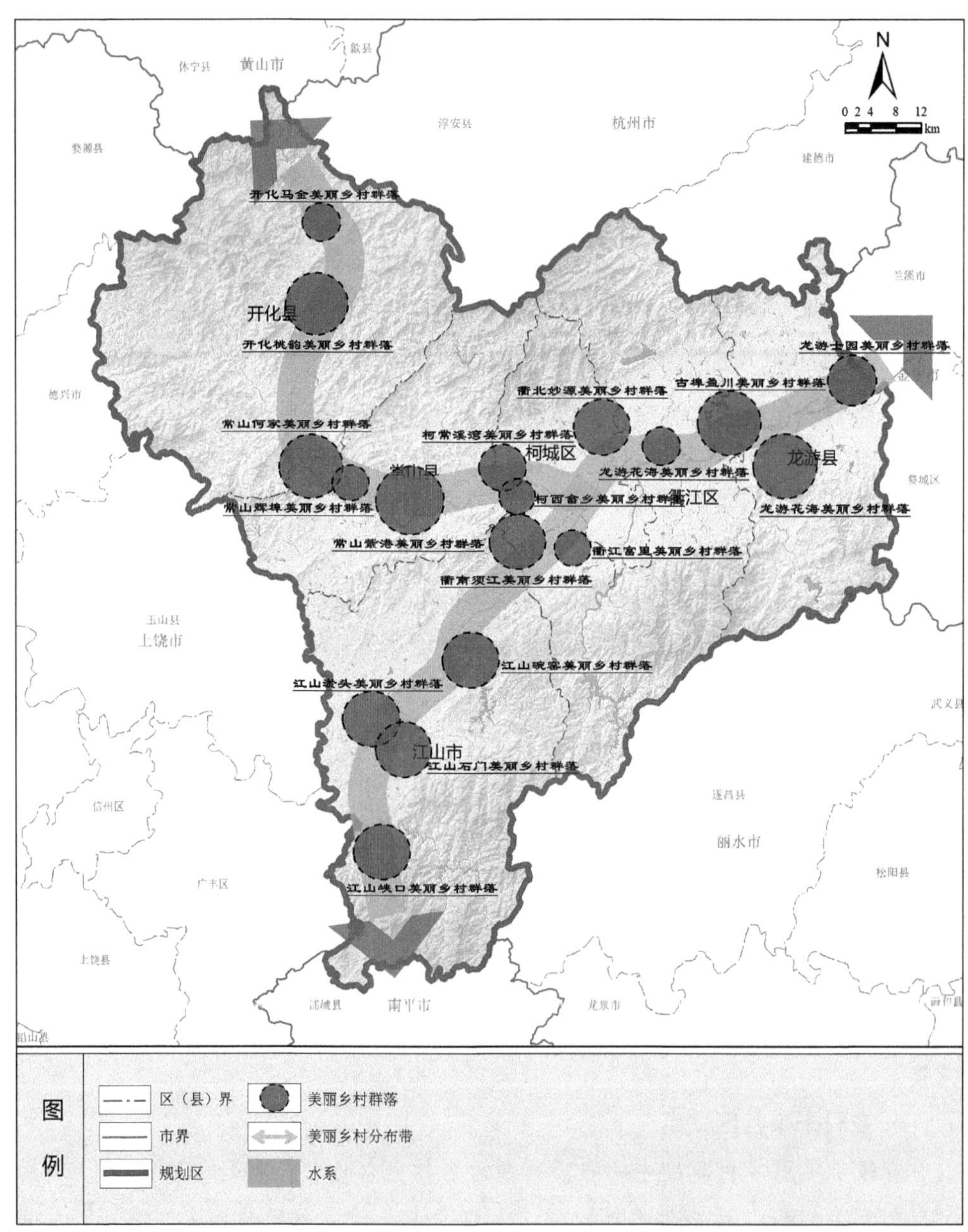

图 10-13　衢州市美丽乡村风景带布局图

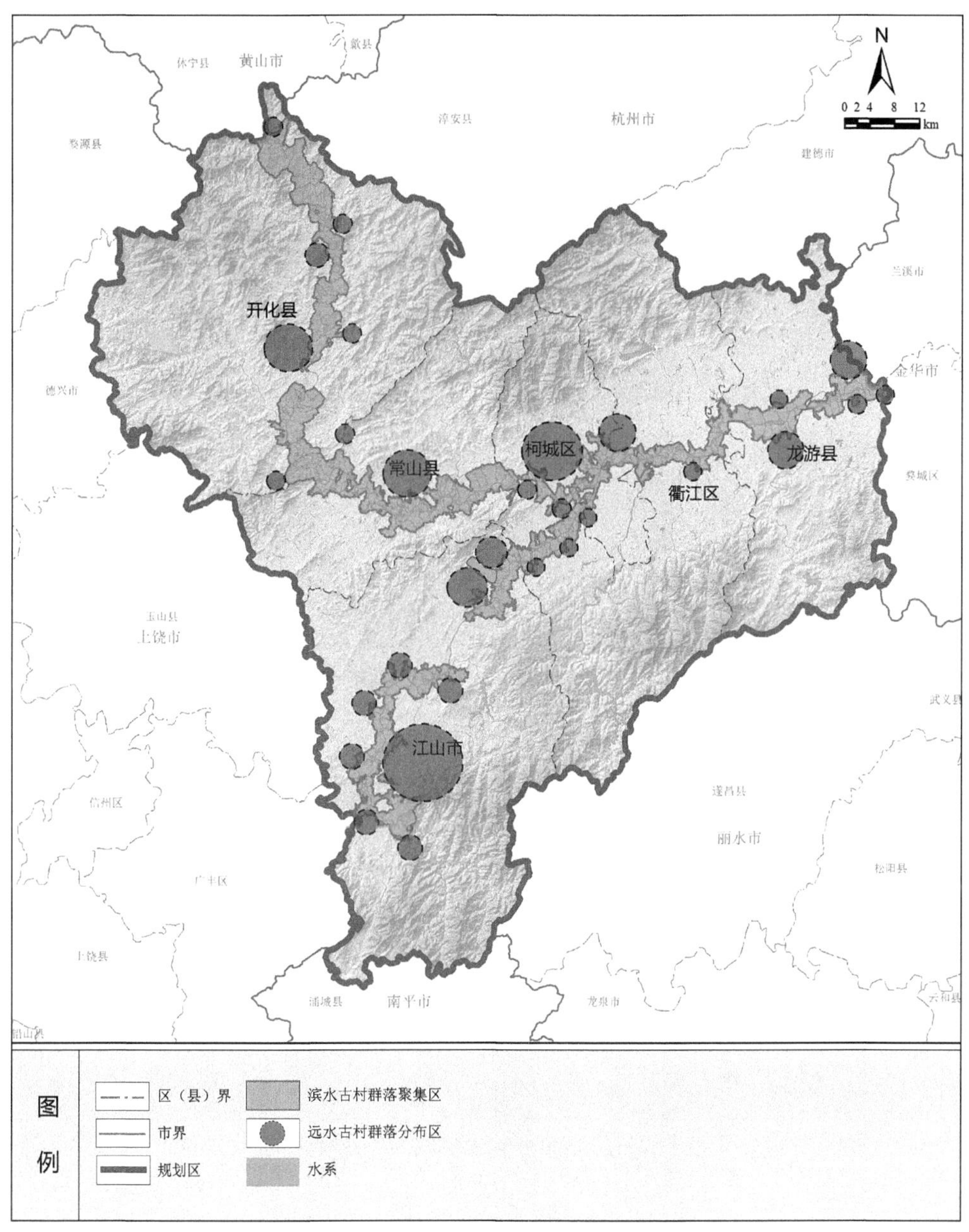

图 10-14　衢州市改造提升重点古村落布局图

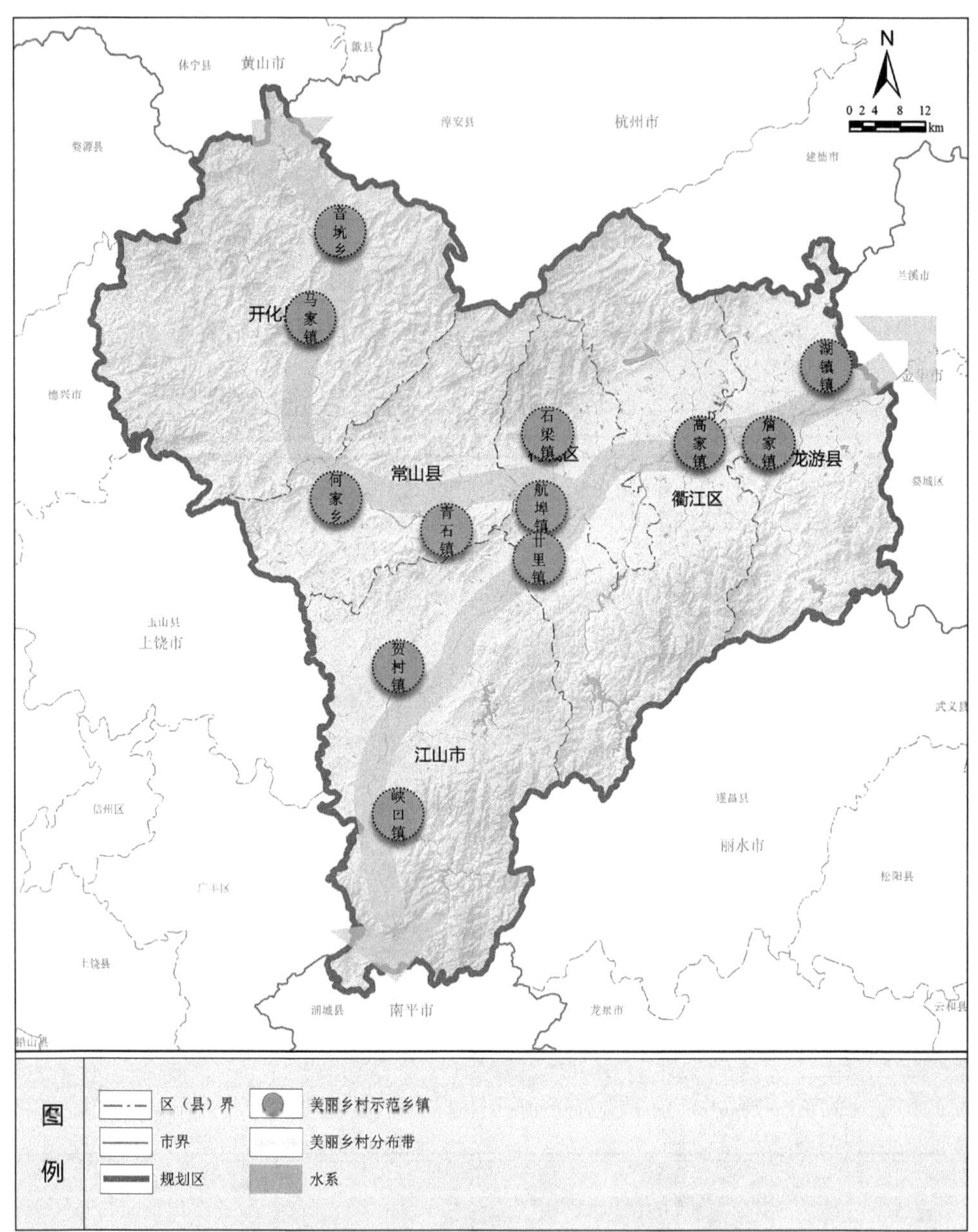

图 10-15　衢州市美丽乡村示范乡镇布局图

级 App 打造社区智慧服务体系，在交通上，将形成基于农业园 4A 景区的农业观光环，打通村镇连接道路、实现配套共享的村镇生活环以及串联山水资源的大社区绿道环，2019—2021 年，完成首批 6 个未来乡村社区（柯城九华乡九华村、龙游县溪口镇集镇片区、衢江区莲花镇涧峰村、江山市石门镇江郎山居、常山县芳村镇芳村村、开化县杨林镇东坑口村6个未来乡村社区）建设，2022—2025年，再启动推广15个乡村版未来社区建设（图10-16）。

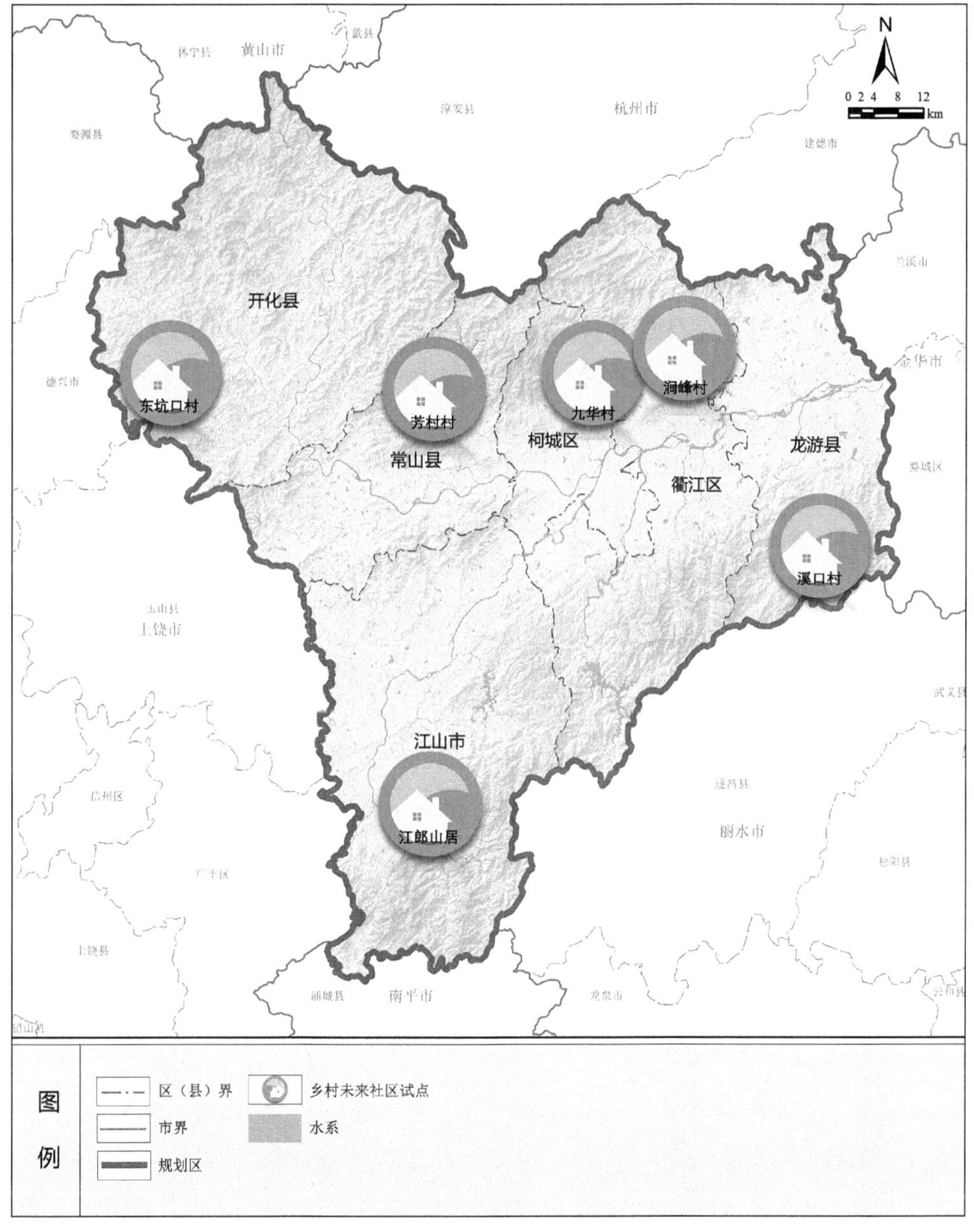

图10-16 衢州市乡村未来社区试点布局图

5. 世界非物质文化遗产保护

以衢州独特的灌溉和水土资源管理系统为申遗主题，从钱塘江流域上游整体区域的高度来考虑申遗，以衢江、柯城两区石室堰、东迹堰、黄陵堰等，龙游鸡鸣堰、姜席堰等，江山鹿溪堰，开化八甲堰、察坂堰等为主，设立申报“中国重要农业文化遗产”和“全球重要农业文化遗产”专门机构，抽调人员成立“衢州农业灌溉和水土资源管理系统保护工作组”专职开展申报工作，联合制定《衢州农业灌溉和水土资源管理系统保护计划（2018—2022）》，组织专家挖掘相关联的典故及习俗，继续挖掘文化内涵，并共同约定了彼此的责任和义务，2025年完成世界非物质文化遗产申报。

6. 衢州数字农村建设

用7年时间，积极落实国家农村信息化示范省建设任务，整市推进信息进村入户工程，以建设益农信息社为基础，以三网融合通道建设和资源整合为重点，依据市云计算中心打造智慧农业云平台，构建农业信息传播点、农业资料采集点、农村生活便利点、农产品上行起始点、涉农网站管护点、农业信息化知识咨询点、村委与农户联系点“七点合一”的益农信息服务体系。

第十一章 衢州农业绿色发展制度机制创新

农业绿色发展机制创新与建设涉及多维度、多层次和多领域，推进衢州市农业绿色发展先行市建设，应处理好发展与生态环境保护的关系，强化创新驱动和约束激励，从农业负面清单、生产管理、生态补偿、资金投入四个方面，构建以绿色生态为导向的衢州农业绿色发展的机制体系，完善政策激励、加强标准引领、强化制度约束，有力地引导和推动社会各方共同参与到农业绿色发展中来。

一、绿色发展负面清单制度

基于县域尺度制定衢州市农业产业负面清单（以亩产排污强度为基础），通过系统评估县域农业资源承载力、生态环境承载力，按照“减、转、控、退”的原则，为6区县因地制宜制定禁止、限制和鼓励发展的产业清单/目录，明确种植业、养殖业、渔业发展方向和开发强度，分类推进重点地区资源保护和严重污染地区治理，推行绿色生产方式，加强农业资源生态保护。

（一）评估市域生态环境状况

系统评估市域生态环境状况是建立农业产业准入负面清单制度的基础。首先，以县域尺度作为农业产业准入负面清单编制单元，针对农业绿色发展面临的问题，全面梳理区域内与负面清单相关的法律法规、环境政策、产业政策、标准以及产业发展困境。其次，综合分析农业产业发展限制因素，包括水资源、土壤质量、地形地貌、载畜量、畜当量、农产品质量安全等，客观评价农业资源承载力、生态环境承载力、农业优势与短板对农业产业发展的限制与影响，进而确定区域内符合农业生态文明、绿色发展要求的产业发展规模、强度、空间布局等。

（二）确定限制类产业及管制措施

基于市域农业资源短板因素和环境容量，依据相应的农业生产技术、规程、规范和生态环境管控要求，确定需要调减现有生产规模、转变生产方式的产业。基于区域农业生产品种、规模、生产方式，提出限制类产业发展条件，使种植业、养殖业的生产规模、生产方式符合农业绿色发展要求。

（三）确定禁止类产业及管制措施

依据市域功能定位和生态环境管控要求，按照生态敏感因子及严重功能障碍的土地状况，确定需要控制规模或退出发展的禁止类农业产业及其退出时限要求、退出方式和具体措施，包括禁止新增不符合要求的产业开发、项目投资。例如，禁止工业废水、生活污水及未经处理的养殖业尾水、农产品加工废水用于农田灌溉，否则应严格按照相应法律法规处罚；禁止在禁养区内建设养殖场或建设有污染物排放的养殖场；禁止使用未达标农用薄膜，推广高强度地膜和地膜一年多季使用，探索生物安全降解地膜应用，开展地膜全回收等；禁止在禁渔期、禁渔区内开展捕捞作业等。

二、农业投入品管理制度

以水稻、柑橘为主导产业，实行农药购买实名制和化肥施用定额制，建立健全农药化肥经销台账，推行生产过程记录，强化检查督查和专项执法，积极推进农药实名制购买和化肥定额制施用，逐步向兽药、饲料、肥料等延伸。

（一）制定市域化肥定额标准

结合浙江省化肥定额标准，根据衢州市近年测土配方施肥成果，综合耕地地力、作物需肥规律、目标产量、种植效益等多重因素，建立全市主要作物（水稻、柑橘等）化肥投入的定额制度，出台衢州市化肥投入定额标准。

（二）建立平台实现定额管理

依托衢州市信息进村入户工程（益农信息社），与省平台对接，支持农资经营店配备身份识别、销售 POS 终端，探索建立自助购肥、立等可取等购肥模式，鼓励推行“刷脸”“刷卡”或“扫码”等方式购买化肥，通过信息系统自动分析主体相关信息，整合主体姓名、电话及化肥购买等信息，实时上传台账。

（三）建立档案实现追溯管理

依托各类行业协会，推动规模主体签订化肥定额施用承诺书，建立肥料施用档案，纳入农产品质量安全信用管理，实现可追溯。支持合作社、肥料生产经营企业等开展专业化施肥服务，建立代施代管机制，实现小农户与规模主体化肥定额施用的有机衔接。县级农业农村部门负责建立主体数据库和资金补贴档案，核实主体姓名、主体类型、种植作物及规模等信息。

三、农业生态补偿机制

（一）开展生态农业技术补贴试点

在衢州近年来生态农（牧场、渔场）中择优选择 30 ～ 50 家生态农场实施生态农业建设行动，制定出生态农业建设“技术 + 补贴”制度清单，开展生态农业技术补贴试点，增加护林员、草管员、农田清洁工等公益岗位，制订衢州农业生态补偿管理办法，形成补偿可选择、推广可落地、可评价、可持续运行的生态农业补偿制度。

（二）开展区域生态农业补偿试点

坚持优化存量、争取增量、试点先行、示范引领，健全生态保护补偿标准体系、统计指标体系和信息发布制度，构建政府主导、市场参与的农业生态补偿制度体系，制定衢州市农业生态补偿条例。

（三）实行农业生态环境损害惩治试点

聚焦农业生态环境修复和保护，明确农业生态环境损害赔偿范围、责任主体、索赔主体、损害赔偿解决途径，建立相应的鉴定评估管理、技术体系和运行机制。

四、土地精准供应机制

（一）开展乡村建设用地复垦制度

以乡镇为主体开展土地综合整治，对工厂、砖瓦窑及交通、水利、废弃矿区、村庄宅基地进行复垦（退宅还耕），建立农村建设用地复垦补助制度，按复垦后净新增耕地面积予以补助，用于复垦项目实施。

（二）建设复垦地产权流转交易平台

复垦地数据全部放到乡镇级的农村产权流转交易平台，盘活的建设用地则重点支持乡村新产业、新业态和返乡人员创新创业，形成农业设施用地“点球”式精准供给机制。

（三）优先保障农业绿色发展用地需求

把农业休闲观光、农民专业合作社、家庭农场因发展生产需要建设的农产品冷链烘干、初加工、休闲采摘、仓储物流以及农作物育苗育秧中心、农机具存放与维修库房等设施纳入设施农业用地范围。

五、多元化资金筹措机制

（一）设立农业绿色发展基金

整合存量的“三农”补贴资金，争取浙江省乡村振兴投资基金，以绿色生态为导向，设立财政引导为辅、社会资本投入为主、市场化运作的农业绿色发展基金，市级财政每年整合资金1亿元用于现代农业绿色发展。

（二）开发农业绿色保险险种

加快绿色保险产品研发和创新步伐，大力发展巨灾保险、环保设备保险、绿色农场贷款保证保险、生态农业保险等各种绿色保险险种，针对经营主体在种植、养殖、加工、运输、仓储等全流程的风险情况提供套餐式选项，主体可根据自身经营过程的不同风险情况进行差异化选择，对投保企业进行保费补贴，实现主导农产品全覆盖。

（三）多方协同推进银保创新

衢州市各级畜牧主管部门加强对养殖户管理指导，协助银行、保险机构对接浙江省智慧畜牧业云平台，银行、保险机构充分发挥双方优势，充分研判养殖企业生产经营情况、评估活体资产价值和管理贷后风险，科学设计“活体贷”相关金融产品，共同做好对业务开展的风险管控（如龙游银行、保险机构按 3∶7 分担风险），共同推进畜禽活体抵押贷款业务，形成资金多渠道“支农”合力。

第十二章 衢州农业绿色发展综合效益分析

一、项目储备库

主要采取向中央、省级、市级争取财政资金。衢州市农业绿色发展先行市建设重点工程、重大项目、建设地点、总体投资安排见重大项目储备库（附表1）。

二、效益分析

规划期末，衢州市农业绿色发展理念深入人心，一批绿色形态的新产业、新业态快速发展，一批绿色导向的集成技术和发展模式全面覆盖，一套绿色发展的制度体系和长效机制基本建立，衢州市率先建成全国农业绿色发展先行县。

（一）经济效益

规划实施后，年产值超过10亿元的农业产业链条将从目前的5条，增加到2025年的10条，占浙江省农业产业链条的14.7%，市级以上农业龙头企业将从2017年的271家增加到2025年的330家，高标准农田面积比重将保持在65%～80%，绿色美丽农场数量将从2017年的500家增加到2025年的1 500家。农业劳动生产率、土地产出率、资源利用率将全面提高，土地产出率（农业用地亩均产出率）将从2017年的6 770元/亩增加到2025年的21 000元/亩，农作物耕种收综合机械化率达到95%，农产品加工业产值与农业总产值之比将从2017年的3增加到2025年的4.2，农业三产融合综合收入达到1 000亿元。

此外，规划实施将进一步优化农业产业布局，推动种养结构调整，通过龙头企业带动农产品加工业提高农产品附加值，衢州农产品区域品牌效应逐渐显现，实现“资源变资产、产品变商品、名品变名牌”，经济效益将会逐步显现，有力保障衢州市农业绿色可持续发展。

（二）社会效益

规划实施将推进衢州市农业产业标准化和集约化生产，提升现代农业科技水平，农业基础设施得到进一步巩固和完善，农业生态补偿机制不断完善，产业化、绿色化发展水平进一步提高，促进“1433”战略体系重重落地，使衢州市供给侧结构更优化，农产品 / 生态产品更优质，三产融合更紧密，农业生态经济更高效，农业和自然的关系更和谐，传统优秀农耕文化得到发展性继承，现代生态文化得以弘扬，农业生产方式得到根本转变，打造美丽幸福经济，实现“农区变景区、农田变田园、劳动变活动”，规划期末，衢州农民人均可支配收入从 2017 年的 2 万元增加到 2025 年的 3.4 万元，城乡居民收入比缩小至 1.96 ∶ 1，城乡发展更加均衡，农民群众获得感显著增强。

（三）生态效益

农田管理方面，农田生态基础设施进一步完善健全，田园进一步清洁化、生态化、景观化。农田林网控制率从 2017 年 85% 增加到 2025 年 92%，投入品用量降低，化肥施用强度低于 27.5kg/ 亩，农药施用强度小于 0.17，小于全国平均水平，主要粮食作物病虫害绿色防控覆盖率从 2020—2025 年保持在 40% ～ 60%，高于浙江和全国平均水平，高效、低毒、低残留农药推广率从 85% 增加到 99%。资源利用方面，农田灌溉水有效利用系数、秸秆综合利用率、农药包装废弃物和废旧地膜、农村生活污水处理率、规模以上水产养殖主体尾水处理率、绿色农药推广率等指标将超过浙江和全国平均水平。两山通道进一步打通，生态系统生产总值（GEP）的 GDP 转化率将从 27.8%，增加到 40%，保持浙江和全国领先水平。

第十三章
衢州农业绿色发展保障措施

一、加强组织领导

各级党委、政府要高度重视现代农业绿色发展工作，衢州市政府成立工作领导小组，统筹负责现代农业绿色发展的组织、协调等工作，建立“领导小组 + 工作专班 + 项目实施小组”工作机制。农业部门牵头制定构建现代农业绿色发展体系行动计划并组织实施，确保有序推进和高质量完成，把先行市建设工作纳入市有关部门管理目标，各有关部门要按照职责分工，加大工作推进和支持力度。

二、保障资金投入

按照“2+A+X”的思路设立“大三农”专项资金，即市级统筹涉农专项资金 2 亿元，县（市、区）统筹上划资金，从土地整理调剂资金等渠道各上划 2 000 万元，再统筹其他资金，建立“任务清单 + 政策清单 + 资金清单”多单合一的绿色农业发展管理模式。衢州市每年统筹安排 1 000 万元专项资金用于支持农业信贷和创新农业保险，撬动 1.6 亿元金融资本，从“资金输血”向“长效造血”转化。鼓励设立农村人才发展基金，返乡下乡创业人员可在创业地享受与当地劳动者同等的创业扶持政策，并按规定纳入就业援助、社会保险和救助体系，首次创业、正常经营一年以上的返乡创业农民工纳入一次性创业补贴支持范围。引导金融机构加大涉农信贷投放力度，保证每年涉农贷款增量占比不低于上年，涉农贷款增速不低于同期各项贷款增速。

三、强化科技支撑

一是参与院士专家工作站建设管理。认真履行市委人才工作领导小组成员单位职责，配合做好院士专家工作站评审认定和管理考核工作。充分发挥院士专家能动性，围绕农村当地急需解决的关键技术问题，组织院士专家创新团队与建站主体开展联合攻关，引进院士及其领衔的创新团队科研成果，在建站主体实施成果转化和产业化，培育和打造自主知识产权和自主品牌。二是建设科技平台。实施农村科技特派员制度，加快农业新品种、新技术、新模式的转化，积极组织农业主体申报农业“星创天地”，完善农业农村的“双创”环境，打造农业农村领域“苗圃—孵化—加速—产业化”全流程的创业创新平台体系。三是培育生态农民。充分利用各地党校、行政学院、高等学校、职业技术学校及行业协会等力量，加强对管理部门、龙头企业、农民专业合作社、家庭农场（林场）等相关人员的农业绿色发展知识和技术培训。

四、广泛宣传引导

一是市级各有关部门和各县（市、区）要及时总结创建工作的好经验、好做法，重点宣传农林废弃物资源化利用、农产品加工副产物综合利用、农林生产节能减排等技术模式，组织开展形式多样、喜闻乐见的农业绿色发展宣传与科普教育活动，营造舆论氛围。二是建设农业绿色发展教育示范基地，将现代农业绿色发展作为群众教育、新闻宣传、科学普及、思想文化等重要内容，不断提高衢州党政干部和农民群众对农业绿色发展的必要性和重要性的认识，推动形成绿色生活方式。

五、加强考核督查

一是制订农业绿色发展评价指标体系，以区县为单元定期开展全市农业绿色发展指数评价，定期评价衢州市、区县农业绿色发展动态变化状况，并对外发布。二是加强评价结果应用，对于政府主体，评价结果纳入党政领导班子年度考核、离任环境审计考核内容，对于农业经营主体，把农业绿色发展工作与申请各类涉农扶持资金、项目挂钩。三是完善规范考核制度，建立规范档案资料管理制度，适时组织检查督查，对工作推进不力的，视情对政府和部门负责人进行约谈、问责，对现代农业绿色发展中取得显著成绩的单位和个人，按照有关规定给予表彰，奖优罚劣，构建奖勤罚懒激励机制。

第十四章
我国农业绿色发展趋势与对策

我国传统农业正在经历一场深刻变革：农业绿色发展观的建立和现代农业的生态转型。这场变革主要来自三个方面：一是内在压力，水土等资源要素紧缺和农田生态环境污染已经成为制约农业可持续发展的短板和短腿，资源环境的紧箍咒越来越紧；二是消费引力，我国城乡居民食物消费正在发生新需求，生活水平提高后，人们通过食物消费提高生活品质，绿色生态、清洁安全、风味独特成为人们购买农产品的首选标准；三是升级推力，为了推动农业可持续发展，国家高度重视并积极推动农业农村绿色发展，生态农业是现代农业发展的绿色样本，是农业绿色发展的生动实践，农业绿色发展成为农业生态转型的大势。

一、农业绿色发展未来趋势

绿色农业是 21 世纪农业的重要发展趋势，是实现国民经济可持续发展战略目标的重要技术途径之一。党的十八大以来，生态文明建设成为“五位一体”总体布局的重要组成部分，保护绿水青山，让人民吃得放心，成为落实“以人民为中心”发展理念的目标要求，广阔的农村成为绿色发展的主战场。农业发展目标从“增产、增收”双目标向“稳产、增收、可持续”的目标转变，绿色发展成为农业农村发展方向的主流，是农业农村现代化的基本要义。

“十四五”时期是我国农业现代化从“绿色革命”向绿色、高质量发展实质性迈进的起步期，同时，在世界农产品需求持续上升、国际贸易环境不确定性增大的背景下，我国越来越需要提高自身农业生产能力的可持续性，这对于实现全球范围的可持续发展目标意义重大。

近年来，绿色发展理念正逐步融入农业农村发展的方方面面，农业供给侧结构性改革和农业发展方式转变步伐不断加快，农业发展格局以绿色为导向日趋鲜明。绿色发展已成为实施乡村振兴战略的引领性安排，我们必须深入分析和认识到农业绿色发展所带来的机遇及挑战，适应并遵循这一趋势，方能有的放矢更好地推进农业高质量发展。为了尽快让农业恢复绿色底色，未来应继续坚持农业绿色发展方向不变，大力创新体制机制，全面推动农业绿色发展，主要包括：农产品质量安全将成为农业绿色发展的基本目标；水土资源保护将是农业绿色发展的重要内容；多样化的模式将成为农业绿色发展的有效途径；一二三产业融合发展将成为农业绿色发展的重要方向；农业生态补偿（贴）政策将成为推动农业绿色发展政策体系的重要组成部分。

二、推进农业绿色发展产业化跃迁

推进农业绿色发展，需要强有力的绿色技术支撑和产业基础。农业绿色产业主要包括：一是清洁生产产业，着力发展园区产业链接循环化改造、园区重点行业清洁生产改造、危险废物处理处置、高效低毒低残留农药生产与替代、挥发性有机物综合整治、农业节水和水资源高效利用、畜禽养殖废弃物污染治理、包装废弃物回收处理、废弃农膜回收利用节能环保。二是清洁能源产业，着力发展生物质能利用装备制造、生物质能源利用设施建设和运营、多能互补工程建设和运营。三是生态环境产业，着力发展生态农业、绿色畜牧业、绿色渔业、农作物种植保护地、保护区建设和运营、农作物病虫害绿色防控等。四是生态保护产业，包括农业非物质文化遗产保护运营和生态功能区建设维护和运营等。五是生态修复产业，着力发展增殖放流与海洋牧场建设运营、重点生态区域综合治理、荒漠石漠化和水土流失综合治理、有害生物灾害防治、地下水超采区治理与修复、农村土地综合整治、海域海岸带和海岛综合整治等。六是基础设施绿色升级，主要包括建筑可再生能源应用、物流绿色仓储、公园绿地建设养护和运营。七是绿色服务产业，主要包括绿色产业项目方案设计服务、绿色产业项目技术咨询服务、碳排放权交易服务、水土保持评估、环境损害评估监测、生态环境监测、技术产品认证和推广等。

三、培育农业绿色发展新型经营主体

培育新型农业经营主体，发展适度规模经营，夯实绿色农产品供给侧基础。近年来，农民老龄化、兼业化及低学历化现象仍然存在，但以专业大户、家庭农场、专业合作社及龙头企业为代表的新型农业经营主体逐步发展起来，正成为农业生产的中坚力量。目前，专业大户超过 68 万户，家庭农场达到 87.7 万个，专业合作社超过 153 万家，龙头企业约 12 万家；同时，农民工、中高等院校毕业生、退役军人及农技人员等返乡下乡创业人数累计达到 570 余万，职业农民队伍不断壮大。上述农业经营主体拥有一定知识水平和业务水平，是发展适度规模经营、进行绿色生产的主力军。2014年以来，国务院出台若干政策扶持新型农业经营主体，2016公布的《关于支持返乡下乡人员创业创新促进农村一二三产业融合发展的意见》，进一步明确了支持方式和具体政策。在此基础上，政府部门还应加快环境教育立法，加强宣传，提高农业生产经营者的绿色思想意识，转变其面对经济利益和食品安全双重选择时偏好于经济利益的狭隘思想，使之正确处理当前利益和长远利益的关系，提高参与绿色生产自觉性；积极发展农业科技应用教育，加强绿色农业生产知识和技术培训，提高生产者科技素质及运用绿色科技致富的能力。

农业龙头企业、农民合作社和家庭农场等新型农业生产经营主体是当前我国发展生态循环农业的良好载体，因此，加大政策和资金投入，在全国范围内，因地制宜，首先建立一大批各具特色、具可操作性、适应现代社会经济发展和市场需求的新型生态农场示范点。同时，以农业龙头企业、农民合作社和家庭农场等新型农业生产经营主体为载体与依托，大力推进“公司＋农户”“农民合作社＋农户”等产业化发展模式，通过“以点带面”“点面结合”“全面开花”的发展策略，辐射带动千家万户发展生态循环农业。

四、创新农业绿色发展技术模式

加强技术创新，以绿色产能的增长接替边际产能的退出，提升绿色农产品供给侧质量。农业绿色转型的实质是用农业生物科技、信息科技等现代技术改造传统农业，使技术创新嵌入农产品生产、加工、流通等各环节并提升全产业链的绿色安全度。一是形成绿色发展技术模式。分品种开展技术创新集成，从农业主导产业和主推品种出发，安排相对集中的种植区域或规模养殖场，开展绿色生产技术联合攻关，形成与当地资源环境承载力相适应的种养技术模式；分生产环节开展技术创新集成，突出投入品减量化、生产清洁化、废弃物资源化、产业模式生态化，打造全产业链农业绿色配套技术，分生态区域类型开展技术创新集成，按照东北、黄淮海、长江中下游、华南、西北及长城沿线、西南、青藏等区域特征，因地制宜创新区域性农业绿色发展关键技术和模式；二是推动农业绿色发展标准化工作。加快制定一批资源节约型、环境友好型农业标准，健全提质导向的农业绿色标准体系。在生产领域，制定完善农产品产地环境、投入品质量安全、农兽药残留、农产品质量安全评价与检测等标准。建设绿色生产标准化集成示范基地，整县推动规模主体按标生产。在加工领域，制定完善农产品加工质量控制、绿色包装等标准。在流通领域，制定完善农产品安全贮存、鲜活农产品冷链运输以及物流信息管理等标准。三是实行农业三产融合化发展。大力发展种养结合、生态循环农业，扩大绿色、有机和地理标志农产品种养规模，大力培育农产品品牌，增加绿色优质农产品供给，提升绿色农产品质量和效益。开展绿色农产品产地加工，建设产地贮藏、预冷保鲜、分级包装、冷链物流设施。开发农业休闲观光、文化传承等多种功能，大力发展休闲观光、乡村民宿、康养基地等乡村休闲旅游产业，实现农村一二三产业融合发展。

五、建立农业绿色发展数字体系

将遥感、物联网、大数据等现代信息技术与农业绿色发展结合，对农作物生长发育、畜禽养殖和渔业生产对土壤、水等环境质量状况的影响进行长期跟踪监测和分析。加快数字农业建设，对推进农业生产过程全程精细化管理，提升农业发展信息化水平、智能化水平，为农业绿色发展理论研究和实践创新积累数据支撑。

六、突破农业绿色发展体制机制

《关于创新体制机制推进农业绿色发展的意见》提出了“13514”农业绿色发展体制机制建设布局，成为农业绿色发展的重要遵循（附图 1），主要内容如下：① 打造一片绿色田园，即打造种养结合、生态循环、环境优美的田园生态系统；② 建立三大绿色机制，即建立贫困地区农业绿色开发机制、建立工业和城镇污染向农业转移防控机制、健全农业人才培养机制；③构建五大绿色体系，即健全农业生物资源保护与利用体系、构建支撑农业绿色发展的科技创新体、建立绿色农业标准体系、完善绿色农业法律法规体系、建立农业资源环境生态监测预警体系；④ 完善十四项绿色制度，即落实农业功能区制度、建立农业生产力布局制、完善农业资源环境管控制度、建立农业绿色循环低碳生产制度、建立耕地轮作休耕制度、建立节约高效的农业用水制度、健全农业投入品减量使用制度、完善秸秆和畜禽粪污等资源化利用制度、完善废旧地膜和包装废弃物等回收处理制度、创新草原保护制度、健全水生生态保护修复制度、实行林业和湿地养护制度、完善农业生态补贴制度、建立考核奖惩制度。

参考文献

包书政，王志刚，2010. 日本绿色观光休闲农业的发展及其对中国的启示［J］. 中国农学通报，26（20）：413-416.

陈倩，张志华，滕锦程，等，2017. 国内外食品分类系统对绿色食品产品分类体系构建的借鉴［J］. 中国食物与营养，23（10）：11-14、72.

段清斌，吴长好，马新叶，等，2015. 绿色农业发展中存在的问题和对策研究——以河南省息县为例［J］. 中国农业资源与区划，36（4）：60-67.

冯丹萌，王欧，2019. 发达国家农业绿色发展的政策演进及启示［J］. 农村工作通讯，4：58-61.

韩长赋，2017. 切实抓好农业绿色发展重大行动［N/OL］. 人民日报 . http：//www.xinhuanet.com/food/2017-05/09/c_1120942755.htm.

黄晓英，周茜，2014. 基于生命周期的农产品质量安全管制［J］. 江苏农业科学，42（4）：367-370.

金书秦，牛坤玉，韩冬梅，2020. 农业绿色发展路径及其“十四五”取向［J］. 改革，312（2）：30-39.

靳明，赵昶，2007. 绿色农产品消费意愿的经济学分析［J］. 环境工程学报，6：85-91.

李静，田哲，2011. 绿色建筑全生命周期增量成本与效益研究［J］. 工程管理学报，25（5）：487-492.

毛正荣，徐南昌，王宏航，等，2018. 现代生态循环农业发展——以浙江省衢州市为例［M］. 北京：中国农业出版社 .

农业农村部干部管理学院，2019. 农业绿色发展概论［M］. 北京：中国农业出版社 .

宋成军，王久臣，孙仁华，等，2019. 基于全生命周期的农业绿色发展成本增量研究［J］. 生态经济，35（7）：116-120.

王飞，石祖梁，王久臣，等，2018. 生态文明建设视角下推进农业绿色发展的思考［J］. 中国农业资源与区划，39（8）：17-22.

王衍亮，2016. 农业环境污染治理成本如何分担［J］. 中国党政干部论坛，2：94.

吴丹，王亚华，马超，2017. 北大荒农业现代化的绿色发展模式与进程评价［J］. 农业现代化研究，38（3）：367-374.

许迪，龚时宏，李益农，等，2010. 农业水管理面临的问题及发展策略［J］. 农业工程学报，26（11）：1-7.

中国绿色食品发展中心，2016.《全国绿色食品产业发展规划纲要（2016—2020 年）》文献类型 .

中国农业科学院，2020.《中国农业绿色发展报告 2019 年》（R）.

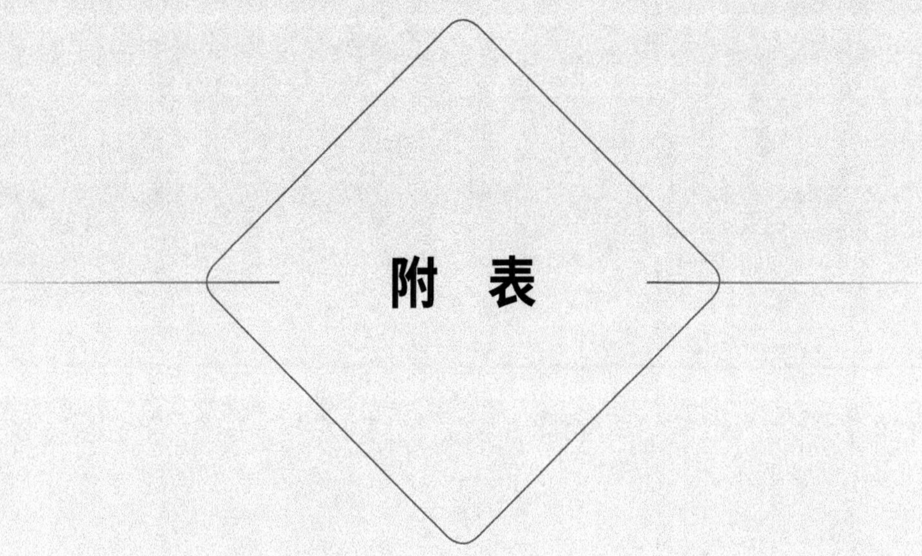

附　表

附表 1 衢州农业绿色发展先行市建设重大项目储备库

序号	重点工程 / 项目	建设内容和规模	建设地点	建设时间（年）
	合计		—	—
1	**农业“两区”绿色提升工程**		—	—
1.1	粮食生产功能区提标改造	以提升粮食生产条件、建设吨粮田为核心，对尚未达到吨粮标准的粮食生产功能区进行提标改造，主要包括修复或新建排灌沟渠道、机耕路、机坡、泵站以及农用电网等农田基础设施，新建、修剪与粮食生产功能区相配套的水稻育秧、谷物烘干和农机综合服务等中心，种植绿肥、秸秆还田、增施有机肥等土壤培肥措施，提高土壤有机质含量，无重金属化学物质污染，推广千斤粮万元钱、水旱轮作、间作套种等高效生态种植模式。2025 年，全市全面建成省级粮食功能区 57 万亩，新建和提升粮食生产功能区 5.7 万亩。	全市各县区：柯城区 0.2 万亩、衢江区 1.2 万亩、龙游县 1.4 万亩、江山市 1.5 亩、常山县 1.7 万亩和开化县 0.7 万亩。	2019—2022
1.2	现代农业园区建设	在全省率先全域推进“31066”行动计划，充分利用农业综合开发平台，重点打造 8 个省级现代农业综合区和 4 个省级现代农业园区，以推进全域土地综合整治为重点，加快推进土地要素向区域平台集聚，积极打造 12 个产业现代农业园区，推进园区建设提质升档。2025 年，建成省部级现代农业综合区和现代农业园区 12 个以上。	现代农业园区：衢江区富里省级现代农业园区、江山市江郎山省级现代农业园区、衢州市柯城区鲶鱼湾省级现代农业园区、常山县省级现代农业园区。农业综合园区：柯城区城郊省级现代农业综合区、衢江区莲花省级现代农业综合区、衢江区全旺省级现代农业综合区、龙游县省级现代农业综合区、江山市省级现代农业综合区、江山市东部省级现代农业综合区、常山县省级现代农业综合区、开化县省级现代农业综合区。	2019—2025
1.3	特色农业强镇创建	以行政建制镇（乡）为范围，合理规划农业生产、休闲体验、公共服务、旅游接待等功能区块，建立一整套农业文化（名特产品、生态景观、民俗风情等）挖掘、保护、传承和利用措施，重点打造江山市长台蜂业、开化县齐溪茶叶、柯城区沟溪水果、常山县青石胡柚、开化县杨林水稻、常山县东案胡柚、江山市塘源口猕猴桃 7 个特色农业强镇，加快产业要素向强镇平台集聚，特色农业强镇至少建成 2 个以上有一定知名度的休闲农业观光点，年接待游客 20 万人次以上，休闲农业年总收入 5 000 万元以上。2025 年，培育市级以上特色农业强镇 10 个以上，其中 7 个省级特色农业强镇。	江山市长台蜂业特色农业强镇、开化县齐溪茶叶特色农业强镇、柯城区沟溪水果特色农业强镇、常山县青石胡柚产业特色农业强镇、开化县杨林水稻特色农业强镇、常山县东案胡柚特色农业强镇、江山市塘源口猕猴桃特色农业强镇。	2019—2022

（续表）

序号	重点工程 / 项目	建设内容和规模	建设地点	建设时间（年）
1.4	现代生态渔业园区 / 基地建设	选择基础设施条件较好的渔业园区、示范养殖场、稻田养鱼等区域，实施生态洁水渔业养殖和稻鱼共生轮作，发展“设施型”生态洁水渔业，在精养开发的小山塘（池塘）、渔业园区、规模化繁育基地、苗种场等区域，配套引进工厂化循环水设施，实施水产养殖塘生态化（净化处理）改造工程和规模化水产养殖尾水自动监测系统建设工程，发展“改良型”生态洁水渔业，养殖高经济价值特色品种，在保护生态环境的前提下，实现高密度、高产值、高效益和低排放，有效拉伸、延长产业链。至 2020 年年底，生态洁水渔业养殖模式推广 8 万亩，产量突破 2 万 t，产值达到 8 亿元，年产值达到 7 亿元。	① 洁水健康养殖。柯城区石室乡，衢江区莲花镇、全旺镇和杜泽镇。② 高效生态渔业。柯城区巨化街道、石室乡；衢江区全旺镇、莲花镇、廿里镇；龙游县龙洲街道、横山镇、湖镇镇；江山市新塘边镇、虎山街道、碗窑乡。③ 清水鱼养殖。开化县何田乡、长虹乡、苏庄镇、齐溪镇。	2019—2022
1.5	“稻 +”综合种养生产基地建设	选择水源条件好、排灌方便、耕作层较深和无污染等基础条件较好稻田，根据稻田实际情况开挖环形或者“目”形鱼沟，加高加固田埂，做好拦鱼防逃设施，科学核定水域养殖容量，严禁施肥，控制投饵，建设稻鱼、稻鳖、稻鳅共生轮作等综合种养模式，减少农药化肥使用，提高粮食、水产品质量，实现稳粮养鱼增收减排绿色发展。2022 年年底，稻鱼共生轮作养殖区面积达到 3 万亩，水产品产量 0.2 万 t，产值 0.5 亿元。	稻田综合种养主要布局在：① 龙游县龙洲街道、罗家乡、湖镇镇、詹家镇、横山镇、溪口镇、石佛乡、东华街道、小南海镇；② 常山县球川镇、同弓乡、紫港街道、白石镇、何家乡、辉埠镇、天马街道、金川等重点产粮区；③ 开化县池淮畈、杨林畈、音坑畈等粮食主产区域。	2019—2022
2	**农业智能装备提升工程**		—	—
2.1	水稻“机器换人”示范县创建	以农机专业合作社、种粮大户为重点对象，推进水稻机械化穴直播、烘干、植保、耕作、收获、筑埂及育插秧标准化作业等技术应用，重点推广乘坐式高速插秧机、大马力粮食收获机械、精量穴直播机、筑埂机、大马力拖拉机、粮食烘干机，以及无人植保飞机、自走喷杆式喷雾机等高性能机械，逐步淘汰老旧机具，在机械穴直播、机械筑埂等技术环节取得突破，整体提升水稻耕种收机械化水平。2025 年，水稻耕种收综合机械化率达到 85% 以上。	产稻县（市、区）	2019—2025

（续表）

序号	重点工程 / 项目	建设内容和规模	建设地点	建设时间（年）
2.2	茶叶“机器换人”示范县创建	在茶叶大县开展整县创建，选择山区乡镇等重点区域，以茶叶生产专业合作社、茶叶种植基地、茶叶加工企业等单位为重点对象，重点推进机械化修剪、采摘、名优茶加工等技术应用，重点推广修剪机、采摘机、田园管理机及名优茶加工机械，推进茶叶生产的全程机械化、自动化、标准化作业，实现提质增效，促进茶叶产业发展。2025 年，茶叶生产（名优茶采摘除外）基本实现机械化。	开化、龙游等产茶县（市、区）	2019—2023
2.3	畜禽养殖“机器换人”示范县创建	将畜牧业“机器换人”工程和“美丽牧场”建设有机结合，选择畜禽养殖大县龙游县，以合作社、牧场、养殖大户等为重点对象，重点推进机械化畜粪处理、自动投喂、饲料加工、温湿自动控制、防疫消毒、病死动物无害化处理等技术应用，重点推广畜粪处理设备、自动投喂装置、饲料加工机组、湿帘降温系统、环境监控系统、卫生防疫等机械设备，推进规模化、自动化、生态型牧场建设。2025 年，规模以上养殖场饲草料加工、自动喂料、禽舍环境控制、排泄物清理、病死动物无害化处理等环节机械化率≥ 70%，其中自动喂料、环境控制、排泄物清理等环节机械化率≥ 80%。	龙游县	2019—2025
2.4	世界（衢江）食品安全创新示范基地示范	依托衢州市衢江区富里改革综合试验区（富里村万亩水田），吸引和导入更多优质的全球资源，严格按照联合国有关国际事务法规和标准操作，重点打造国际食品安全创新学院、特殊食品创新研发基地和食品安全大数据中心，编制农田管理国际信息化标准，构建检验检测认证体系，协助开展特殊食品产业基地建设，打造千亿级食品安全产业生态集群，建成联合国稳定的农产品和特殊食品供应商，打造区域经济、社会和环境共融的生态圈，将项目打造成能走向全国和世界的示范性项目，为实现联合国《2030 年可持续发展议程》发展目标发挥中国价值。2025 年，建成世界（衢江）食品安全创新示范基地（核心区 3.8 万亩）。	衢江区廿里、后溪两个乡镇 6 个行政村。	2019—2025

（续表）

序号	重点工程 / 项目	建设内容和规模	建设地点	建设时间（年）
2.5	智慧农机装备应用示范基地	依托家庭农场、设施温室，开展“智慧农业”示范点建设，结合省级“现代化数字牧场”创建工作，充分利用定位标签、在线视频监控、温湿度传感等物联网技术，引进和示范推广基于云计算、移动互联、5G 等现代信息技术的智慧农机装备，全面推进农业机器人、无人驾驶农业机械、农业自动化生产加工流水线、农业物联网设备等“智慧农机”应用，实现农业生产过程智能化，塑造“只见农机不见人”的农业生产场景。2025 年，在常山县（全国柑橘产业 30 强县）建成柑橘智慧农机装备应用示范基地 1 处，建成自动化农业（蔬菜）工厂 1 处。	柑橘智慧农机装备应用示范基地 1 处：常山县。江山市星菜植物工厂：江山市山海协作区	2019—2022
3	**农业绿色科技支撑工程**		—	—
3.1	农业绿色投入品研制	2019—2020 年，申报国家重点研发项目，研发一批绿色高效的功能性肥料、生物肥料、新型土壤调理剂，低风险农药、施药助剂和理化诱控等绿色防控品，绿色高效饲料添加剂、低毒低耐药性兽药、高效安全疫苗等新型产品，突破衢州农业生产中减量、安全、高效等方面瓶颈问题，肥料、饲料、农药等投入品的有效利用率显著提高。	各县（区、市）	2019—2021
3.2	农业绿色技术供给能力提升	研发一批土壤改良培肥、节水灌溉、精准施肥、有害生物绿色防控、畜禽水产健康养殖和废弃物循环利用、面源污染治理和农业生态修复、轻简节本高效机械化作业、农产品收储运和加工等农业绿色生产技术。加强农机农艺技术集成研究，逐步形成良机良种良法配套、农机农艺融合的技术体系。养殖节水源头减排 20% 以上，畜禽饲料转化率、水产养殖精准投喂水平较目前分别提升 10% 以上，农产品加工单位产值能耗较目前降低 20% 以上。2025 年，制订衢州农业绿色技术清单。	各县（区、市）	2019-2021

（续表）

序号	重点工程 / 项目	建设内容和规模	建设地点	建设时间（年）
3.3	农业绿色发展低碳模式创设	形成一批水稻、蔬菜、食用菌、茶叶、养殖等绿色增产增效、种养加循环、区域低碳循环、沼气生态农业等农业绿色发展模式，技术模式的单位农业增加值温室气体排放强度和能耗降低30% 以上，依托中国林产工业协会，在龙游县开展生物质发电CDM 项目试点和沼气工程 CDM 项目试点。	龙游县：生物质发电 CDM 项目试点和沼气工程CDM 项目	2019—2025
3.4	国家级农业科技示范基地建设	依托中国农业大学、农业农村部生态总站等绿色发展国家级科技咨询单位，由张福锁院士牵头，建成省级高水平农业科技示范基地（科技农场）1 个，配置 5 名专职人员，形成“院士 + 专家团队 + 地方服务小组 +N 个省级科技引领示范村（镇）”的产学研用协同创新和推广应用模式，开展重点品种全链条技术协同指导推广，制订衢州农业绿色发展指数并发布衢州农业绿色发展报告。	衢州市农业农村局（衢州市柯城区浮石路139 号）	2019—2022
3.5	农业“机器换人”试验中心建设	围绕制约衢州农业绿色发展“机器换人”技术瓶颈，衢州农业农村局、衢州学院和衢州农科院共同建立衢州市农业机器换人推广服务中心（即“机器换人”试验中心），开展“机器换人”技术攻关，集成推广先进技术，为企业应用农业机器人、自动化设备或改造农产品加工流水线提供前期试验，降低企业机器换人风险，建立衢州市农业机器换人推广服务中心，建设地点在柯城区浮石路。	衢州市农业农村局（衢州市柯城区浮石路139 号）	2019—2025
3.6	重点企业绿色发展研究院	选择衢州市省级及以上农业龙头骨干企业或者农业科技企业，协助企业与高校院所建立稳定的产学研合作关系，帮助引进技术转化和产业化的项目，增加企业科技创新和自主研发投入，建立市重点企业研究院年度报告制度，优秀市级重点企业研究院优先支持其承担省级和市级重大技术创新等专项，优先支持创建省级重点企业研究院、省级重点实验室（工程技术研究中心）等创新载体，在农业绿色发展领域引进和培育一批市级以上重点企业研究院。	浙江不老神食品有限公司，衢州市双港开发区曙光路 2 号（畜产品）；浙江腾龙竹业集团有限公司，浙江省龙游县溪口镇工业区（竹制品）；浙江江山恒亮蜂产品股份有限公司，浙江省江山市中山路 107 号（蜂产品）；浙江天子股份有限公司，浙江省常山县金川街道创新东路 27 号（胡柚）。	2019—2022

（续表）

序号	重点工程 / 项目	建设内容和规模	建设地点	建设时间（年）
3.7	农业创新主体培育	以乡镇为单位建设一批返乡农民创业基地，积极引导大学生、留学生、大都市高端人才等群体返乡创业，成立衢州市农创客发展联合会，以种养大户、家庭农场向有创新精神、创业热情的“农创客’转型为重点，每年定期开展衢州十佳“农创客”评选活动，壮大陈涌君、饶胜男等一批有情怀、有学历、有闯劲的新农人，2020 年扶持培育市级以上“农创客”“新农人”1 000 名以上。		2019—2020
4	**生态循环农业建设工程**		—	—
4.1	现代生态循环农业示范创建	深化“十百千万”现代生态循环农业示范创建，加快发展种养结合、农牧结合、农渔结合等生态养殖模式，推广设施渔业、综合种养和开展林下、林间立体开发模式，积极探索种养加旅等循环链接新模式，构建农业循环经济产业链，全产业、整市域推进，在衢州市 6 个县（市、区）整建制推进现代生态循环农业，打造农业绿色发展先行区。集聚要素、集成技术、集中亮点，推进示范创建和农业多种功能融合，加大财政投入，打造 23 个省级农业绿色发展先行区和 116 个市级农业绿色发展先行区，构建起点串成线、线织成网、网覆盖全域的现代生态循环农业三级循环体系。	打造 23 个省级农业绿色发展先行区：柯城区石梁省级农业绿色发展先行区、柯城区万田省级农业绿色发展先行区、柯城区华墅省级农业绿色发展先行区、柯城区九华省级农业绿色发展先行区、衢江区莲花省级农业绿色发展先行区、衢江区衢北省级农业绿色发展先行区、衢江区全旺省级农业绿色发展先行区、衢江区乌溪江省级农业绿色发展先行区、龙游县詹家省级农业绿色发展先行区、龙游县塔石省级农业绿色发展先行区、龙游县罗家省级农业绿色发展先行区、龙游县横山省级农业绿色发展先行区、江山市石门省级农业绿色发展先行区、江山市凤林省级农业绿色发展先行区、江山市贺村省级农业绿色发展先行区、江山市峡口省级农业绿色发展先行区、常山县同弓省级农业绿色发展先行区、常山县白石省级农业绿色发展先行区、常山县新昌省级农业绿色发展先行区、常山县球川省级农业绿色发展先行区、开化县池淮省级农业绿色发展先行区、开化县马金省级农业绿色发展先行区、开化县苏庄省级农业绿色发展先行区。	2019—2022

（续表）

序号	重点工程 / 项目	建设内容和规模	建设地点	建设时间（年）
4.2	化肥减量增效工程	以农业“两区”为主平台，以主导特色产业为重点，深化测土配方施肥技术，扩大配方肥应用覆盖面，加大商品有机肥、沼液、秸秆还田、绿肥种植等有机养分替代力度，大力推广微生物肥料、缓控释肥等新型肥料和肥水一体化技术，提高肥料利用率。在全市范围整县制推进化肥定额制实施，确保商品有机肥和配方肥年使用量分别保持 10 万 t 和 3 万 t 以上，绿肥种植面积超过 12 万亩。	省级粮食生产功能区（14 个）：衢江区莲花镇东湖畈省级粮食生产功能区、衢江区全旺镇全旺畈省级粮食生产功能区、江山市凤林镇长桥头畈省级粮食生产功能区、江山市峡口镇王村大畈省级粮食生产功能区、开化县杨林镇柏叶畈省级粮食生产功能区、开化县池淮镇立江畈省级粮食生产功能区、开化县马金镇龙村畈省级粮食生产功能区、开化县音坑乡察畈省级粮食生产功能区、常山县新都办事处四都畈省级粮食生产功能区、常山县何家乡璞石畈省级粮食生产功能区、龙游县龙洲街道寺后畈省级粮食生产功能区、龙游县湖镇镇大路畈省级粮食生产功能区、龙游县詹家前游省级粮食生产功能区、江山市贺村镇友爱村十岱畈省级粮食生产功能区。	2019—2025
4.3	农药减量增效工程	加快农作物病虫害监测预警信息化建设，完善监测预警信息化平台，加强预测预报，加大高效环保农药推广力度，推进病虫害专业化统防统治与绿色防控融合、植保领域“机器换人”，加大农药减量技术应用示范，提高农药利用率。规划期末，病虫害绿色防控 100 万亩、统防统治 800 万亩。	省级粮食生产功能区（14 个）：衢江区莲花镇东湖畈省级粮食生产功能区、衢江区全旺镇全旺畈省级粮食生产功能区、江山市凤林镇长桥头畈省级粮食生产功能区、江山市峡口镇王村大畈省级粮食生产功能区、开化县杨林镇柏叶畈省级粮食生产功能区、开化县池淮镇立江畈省级粮食生产功能区、开化县马金镇龙村畈省级粮食生产功能区、开化县音坑乡察畈省级粮食生产功能区、常山县新都办事处四都畈省级粮食生产功能区、常山县何家乡璞石畈省级粮食生产功能区、龙游县龙洲街道寺后畈省级粮食生产功能区、龙游县湖镇镇大路畈省级粮食生产功能区、龙游县詹家前游省级粮食生产功能区、江山市贺村镇友爱村十岱畈省级粮食生产功能区。	2019—2025

（续表）

序号	重点工程 / 项目	建设内容和规模	建设地点	建设时间（年）
4.4	养殖粪污资源化利用重大科技项目	围绕畜禽养殖污染治理及治污设施建设、水禽旱养、散养密集区粪便收集、养殖粪便循环利用、沼气工程、“三沼”利用、美丽牧场建设等，推进畜禽排泄物资源化利用和畜牧业转型升级。到 2020 年建设江山市畜禽排泄物资源化利用、龙游县农业废弃物资源化利用、衢江区沼液浓缩高效综合利用等国家级重大项目。	江山市、龙游县和衢江区	2019—2020
4.5	秸秆全量化利用样板县创建	围绕农作物秸秆肥料化、饲料化、能源化、基料化、原料化利用，建立完善农作物秸秆粉碎还田、收集打捆机械、收贮等补贴政策，推进衢州市农作物秸秆区域全量化利用工作，打造农业农村部秸秆全量化利用样板县。到 2022 年完成衢江区农作物秸秆秸秆全量化利用全国试点工作。	产稻县（市、区）	2019—2022
4.6	农业投入品废弃包装物及废弃农膜回收处置	认真贯彻落实《浙江省农药废弃包装物回收和集中处置试行办法》，按照市场运作、政府扶持、属地管理原则，依托农药经营销售单位建立完善农药废弃包装物回收服务平台，创新回收处置模式，全面推进农药废弃包装物回收处置工作；鼓励和引导农业生产主体和农民自觉回收废弃棚膜、地膜、食用菌棒膜，建立市场化的废弃农膜和肥料包装物回收处理体系。到 2022 年，全市农药废弃包装物实现基本回收。	6 县（市、区）	2019—2022
4.7	重点地区土壤污染防治	在全市永久基本农田内布设 75 个省级土壤污染常规监测点，在农业“两区”和“一区一镇”建设 35 个土壤污染综合监测点，在田园型、山水型岸线以及农业“两区”建设 3 个农业面源污染监测点，强化土壤地力、重金属等指标监测和评价，划定土壤环境质量安全等级，建立完善全市农业土壤污染监测预警体系。以改善土壤环境为基础，开展土壤重金属污染修复治理试点和农业面源污染防治试点，力争形成一批易推广、成本低、效果好的土壤污染防治技术模式。到 2020 年，受污染耕地安全利用率达到 92%。	6 县（市、区）	2019—2022

（续表）

序号	重点工程 / 项目	建设内容和规模	建设地点	建设时间（年）
4.8	生态农场建设	市委、市政府高度重视生态农场培育发展工作，要把培育发展生态农场作为农业农村工作的中心任务，按照生态优良、农牧结合、适度规模、家庭经营的原则，创建若干个外部投入低、农业废弃物全部实现内部循环的生态农场，建立田间生产记录档案，配备农产品质量自检设备，鼓励和支持生态农场开展“三品”认证，聘请中国农业生态环境保护协会指导，按照《生态农场评价技术规范》，创建出一批种养结合型示范生态农场、生态循环型示范农场、休闲创意型示范生态农场和农林复合型示范生态农场。	6县（市、区）	2019—2022
5	**农业绿色标准化建设工程**			
5.1	农业绿色发展标准体系建设	研究制定主要作物化肥投入定额施用技术指南，按产业或作物制定化肥减量增效技术标准和绿色防控技术标准；完善农业投入品（肥料、农兽药、渔药、饲料、地膜）质量安全评价标准；以病死动物无害化处理、畜禽排泄物资源化利用、废弃物农业包装物回收处置等为重点，制订农业废弃物无害化处理、资源化利用的标准；以中药材（金线莲）、水稻、柑橘、麻鸡、乌猪等农产品为重点，制定覆盖产地环境、生产过程、产品质量、加工包装、仓储物流全过程的农业地方特色标准。探索建立科学合理、相互适应的农机作业规范和农艺标准。2025年，构建农业绿色发展标准体系1套。	—	2019—2025
5.2	农业新业态标准体系制定	探索制定新时代美丽乡村建设、新时代美丽田园、田园综合体、特色强镇的建设、运行和评价标准，推动产业、文化、旅游“三位一体”和生产、生活、生态融合发展，以标准化手段助推人才、资金、技术等要素向新兴业态集聚，推动衢州市农村电子商务经验和模式上升为国家标准。2022年，构建农业新兴业态标准体系1套。	—	2019—2022

（续表）

序号	重点工程 / 项目	建设内容和规模	建设地点	建设时间（年）
5.3	标准化示范基地建设	依托省级特色农业精品园，建设标准化蔬菜基地 5 个、水果基地 5 个、油茶基地 6 个、标准化茶叶生产基地 6 个、养殖园 5 个，渔业园 10 个，开展特色农产品标准化生产示范。	① 蔬菜：柯城区七里蔬菜精品园、龙游县湖镇蔬菜精品园、常山县天马蔬菜精品园、开化县城关食用菌精品园、龙游县庙下笋竹精品园；② 水果：柯城区华墅椪柑精品园、龙游县沐尘葡萄精品园、江山市双溪口猕猴桃精品园、常山县天马胡柚精品园、常山县球川胡柚精品园；③ 油茶：柯城区五十都油茶精品园、柯城区石室油茶精品园、衢江区大洲油茶精品园、江山市廿八都油茶精品园、江山市虎山油茶精品园、江山市四都油茶精品园；④ 茶叶：衢江区全旺茶叶精品园、江山市双溪口茶叶精品园、江山市凤林茶叶精品园、开化县池淮茶叶精品园、开化县池淮茶叶精品园、开化县齐溪茶叶精品园；⑤ 养殖园：龙游县湖镇蛋鸡精品园、龙游县横山肉鸡精品园、江山市碗窑蜜蜂精品园、常山县白石生猪精品园、开化县桐村朗德鹅精品园；⑥ 渔业园：柯城区中央方青鱼精品园、衢江区衢南生态鳖特色渔业精品园、龙游县湖镇观赏鱼精品园、龙游县热带观赏鱼特色精品园、江山市双塔鳜鱼精品园、江山市绿川休闲渔业精品园、江山市天池光倒刺鲃精品园、江山市闲野大鲵精品园、开化县和田清水鱼精品园、开化县清水龙虾精品园。	2019—2025

（续表）

序号	重点工程 / 项目	建设内容和规模	建设地点	建设时间（年）
6	**农业绿色品牌培育工程**		—	
6.1	“三衢味”农产品区域品牌建设	成立“三衢味”品牌运营管理公司，加强对“三衢味”品牌的授权、管理、保护、品控、营销，整合、借用各种资源和力量，通过股权投资、合作等方式，构建完善的检测溯源、宣传推广、展示展销等品牌运营体系，拓展精深加工、冷链物流、休闲旅游、培训、金融服务等品牌服务体系，加强全市名特优新农产品的挖掘、遴选和培育，壮大“三衢味”子品牌培育库，通过建档立库、信息咨询、服务培训等方式，强化对“三衢味”子品牌的指导、培育和维权，实现母子品牌共同发展，建立健全涵盖果蔬、茶叶、水产、米面粮油、肉禽蛋等“三衢味”农产品的质量标准体系，依托省市县农产品追溯平台、企业自建平台等推动“三衢味”农产品可追溯化发展，实现产品追溯覆盖率100%，农产品抽检合格率99%以上。2025年，“三衢味”农产品全覆盖，培育一批规模化、标准化“三衢味”基地，建成“三衢味”营销网点200家。	—	2019—2025
6.2	“衢六味”道地中药材区域品牌建设	围绕“衢六味”入选品种（衢枳壳、白芨、陈皮、猴头菇、白花蛇舌草、黄精6味中药材品种）以及重点培育品种（蜂蜜、白芍、覆盆子、三叶青、莲子、葛根重点培育品种），结合“活力新衢州、美丽大花园”建设总体布局和各地品种种植基础，编制“衢六味”产业发展规划，建设规模化、标准化“衢六味”种植基地，制定“衢六味”基地认定标准、中药材标准、种植栽培技术标准，对衢州中药材进行品质化打造，抓好“衢六味”上牌后的用牌、护牌、强牌措施，加大宣传力度，将“衢六味”打造为衢州市中药材产业高质量发展的一张金名片。2025年，“衢六味”中药材全覆盖，培育一批规模化、标准化“衢六味”基地。	—	2019—2025

（续表）

序号	重点工程 / 项目	建设内容和规模	建设地点	建设时间（年）
7	**新时代美丽田园建设工程**		—	—
7.1	“四美田园”创建	洁化田园，以田间地头、路边、水边以及群众反映强烈的区域等为重点，对枯树枝、杂草进行清除，对农药瓶、农药袋等各类农业生产废弃物，建筑垃圾、生活垃圾进行集中清理，对农作物秸秆等有机废弃物科学还田或回收再利用。果园整治，以行政村为点位，全面开展以失管桔园（桔园每亩枯死大树 1 株以上或枯死大枝 10% 以上的桔园）和弃耕农田（农田面积 1 亩以上且一年以上未种植农作物的田块）为重点的田园整治工作，按照集中连片整治的思路，通过种植水稻、蔬菜、中药材、果树等农作物、绿肥或观赏与效益兼备的彩色植物，通过转包、租赁、托管、入股等手段，加速农田土地流转，实现普通桔园变精品园、特色园、景观园。2022 年，实现失管田园基本消除和田园垃圾基本清除“两个基本”，全市失管田园整治率 90%。	6 县（市、区）	2019—2022
7.2	美丽生态牧场创建	支持县本级全域规模养殖场（生猪年存栏 500 头以上或能繁母猪 50 头以上）开展美丽生态牧场建设，实现牧场美化（以合理、科学、适度为原则，突出牧场特点的同时，兼顾与自然环境和谐）、牧场绿化（以经济、实用、美观为原则，尽量达到植物种类多样、绿化层次丰富）和牧场洁化（以保持场区无随意堆放杂物、污水粪便和病死动物及时处置为原则，尽量使可视范围内无明显垃圾，场区内保持整洁），节水、节料、节电、省工的饮水、喂料等配套设备齐全，畜禽排泄物实现零排放。2025 年，建设美丽牧场 1 500 个以上。	6 县（市、区）	2019—2025
7.3	畜牧业绿色发展示范创建	严格落实“一场一方案”治理措施，规模猪场和水禽场全部完成生态消纳治理、发酵床治理或“工业 + 生态 + 发酵床”三选一治理，进一步扩大“龙游开启模式”“常山大公模式”“江山石明模式”等大、中、小生态循环模式覆盖面，实现畜禽养殖与生态环境的高度匹配，全力打造畜禽排泄物资源化高效利用“升级版”。2022 年，建设畜牧业绿色发展示范县 6 个。	6 县（市、区）	2019—2022

（续表）

序号	重点工程 / 项目	建设内容和规模	建设地点	建设时间（年）
7.4	田园综合体创建	按照农业与农村、生产与生活融合发展要求，科学合理划分田园综合体的核心区、辐射区等功能区块，核心区规划面积原则上为 $1km^2$ 左右，土地资源相对集中连片，辐射区面积，山区为 $10km^2$ 左右、平原地区为 $5km^2$ 左右（核心区、辐射区面积均包括水域滩涂面积），统筹推进田园综合体和美丽乡村建设，区域内村庄达到美丽村庄要求，做强主导产业，形成 1 ～ 2 个优势突出、特色明显并有较强市场竞争力的主导产业，建成至少 1 条以主导产业为基础“接二连三”的全产业链，推进农业产业与旅游、教育、文化、康养等产业深度融合，至少有 1 处休闲观光园，建立健全政府引导、社会组织广泛参与，职责明确、运转高效的田园综合体治理机制。2025 年，在全市建设 8 个左右的国家级、省级和市级田园综合体。	—	2019—2025
8	**新时代美丽乡村工程**		—	—
8.1	美丽乡村风景带创建	美丽乡村风景带创建项目。融入美丽乡村“一县一带”创建，引导美丽乡村精品村、“一村一品”特色村组团发展，龙游县定位“灵山江生态休闲运动带”，重点打造龙游士元美丽乡村风景带、古埠盈川美丽乡村风景带、龙游花海美丽乡村风景带，衢江区定位“福源双溪”百里滨水长廊，重点打造衢北妙源美丽乡村风景带、衢中滨江美丽乡村风景带、衢西畲乡美丽乡村风景带、衢江富里美丽乡村风景带、衢南须江美丽乡村风景带，柯城区定位“香溪桃源・梦里田园”，重点打造柯常溪湾美丽乡村风景带，江山市定位“仙霞古道・世遗江郎”，重点打造江山碗窑美丽乡村风景带、江山淤头美丽乡村风景带、江山石门美丽乡村风景带、江山峡口美丽乡村风景带，常山县定位“柚乡慢城”，重点打造常山辉埠美丽乡村风景带、常山紫港美丽乡村风景带、常山何家美丽乡村风景带，开化县定位“钱江源百里水岸风情带”，重点打造开化桃韵美丽乡村风景带、开化马金美丽乡村风景带，使美丽乡村由“景点”变“景区”，散落“盆景”变成连片成带“风景”。2025 年，打造 18 个美丽乡村风景带。	6 县（市、区）	2019—2025

（续表）

序号	重点工程 / 项目	建设内容和规模	建设地点	建设时间（年）
8.2	古村落改造提升发展	衢州自然村按禁建村（31.95%）、限建村（48.50%）、适建村（19.55%）实施分类管控，以沿江公路和滨江公路两侧 100m 范围为重点，按照“8 个一”（1 个美丽村口、1 个文化礼堂、1 片生态绿化、1 群绿色庭院、1 组特色小品、1 条靓丽村景、1 块美丽田园、1 个整洁村容）标准改造提升乡村风貌，活化利用古村群落，注重传统文化和现代设施展示，加强古村、古桥、古堰、古树等历史文化古迹的认定、登记、保护、修复工作，对古村落重要农业文化遗产挖掘保护，建成农耕文化展示、民俗体验的乡村博物馆。2025 年，建设 60 个古村落。	6 县（市、区）	2019—2025
8.3	美丽乡村示范乡镇创建	在小城镇环境综合整治成果基础上，推进美丽城镇建设工作，选择柯城区石梁镇、航埠镇，衢江区的廿里镇、高家镇，江山市的峡口镇、贺村镇，常山县的青石镇、何家乡，开化县的音坑乡、马家镇，龙游县的湖镇镇、詹家镇等 12 个乡镇，创建美丽乡村标杆乡镇。2025 年，建成 12 个美丽乡村示范镇。	6 县（市、区）	2019—2025
8.4	乡村未来社区试点	着眼于美丽乡村建设中的短板问题（乡村空心化、产业乏力等痛点），以新时代美丽乡村探索新路为目标，以“人口净流入量 + 三产融合增加值”作为综合指标，锚定乡土化和田园化，打造“依山水、顺地势、路蜿蜒、人易行、低密度、密路网、组团状、屋错落”，形成山、水、林、田、湖、建筑协调呼应的大地艺术景观，硬件上，全面实现 5G 基站全覆盖，软件上，依托微信、微博等超级 App 打造社区智慧服务体系，在交通上，将形成基于农业园 4A 景区的农业观光环，打通村镇连接道路、实现配套共享的村镇生活环以及串联山水资源的大社区绿道环，2019—2021 年，完成首批 6 个未来乡村社区（柯城九华乡九华村、龙游县溪口镇集镇片区、衢江区莲花镇洞峰村、江山市石门镇江郎山居、常山县芳村镇芳村村、开化县杨林镇东坑口村 6 个未来乡村社区）建设，2022—2025 年，再启动推广 15 个以上乡村版未来社区建设。	6 县（市、区）	2019—2025

（续表）

序号	重点工程/项目	建设内容和规模	建设地点	建设时间（年）
8.5	世界非物质文化遗产保护	由中国农业博物馆作为牵头单位，积极与文化部非物质文化遗产司对接，以衢州独特的灌溉和水土资源管理系统为申遗主题，从钱塘江流域上游整体区域的高度来考虑申遗，以衢江、柯城两区石室堰、东迹堰、黄陵堰等，龙游鸡鸣堰、姜席堰等，江山鹿溪堰，开化八甲堰、察坂堰等为主，设立申报“中国重要农业文化遗产”和“全球重要农业文化遗产”专门机构，抽调人员成立“衢州农业灌溉和水土资源管理系统保护工作组”专职开展申报工作，联合制定《衢州农业灌溉和水土资源管理系统保护计划（2018—2022）》，组织专家挖掘相关联的典故及习俗，继续挖掘文化内涵，并共同约定了彼此的责任和义务，2025年完成国家非物质文化遗产申报。	6县（市、区）	2019—2025
8.6	衢州数字农村建设	积极落实国家农村信息化示范省建设任务，整市推进信息进村入户工程，以建设益农信息社为基础，以三网融合通道建设和资源整合为重点，依据市云计算中心打造智慧农业云平台，构建农业信息传播点、农业资料采集点、农村生活便利点、农产品上行起始点、涉农网站管护点、农业信息化知识咨询点、村委与农户联系点“七点合一”的益农信息服务体系。	6县（市、区）	2019—2025

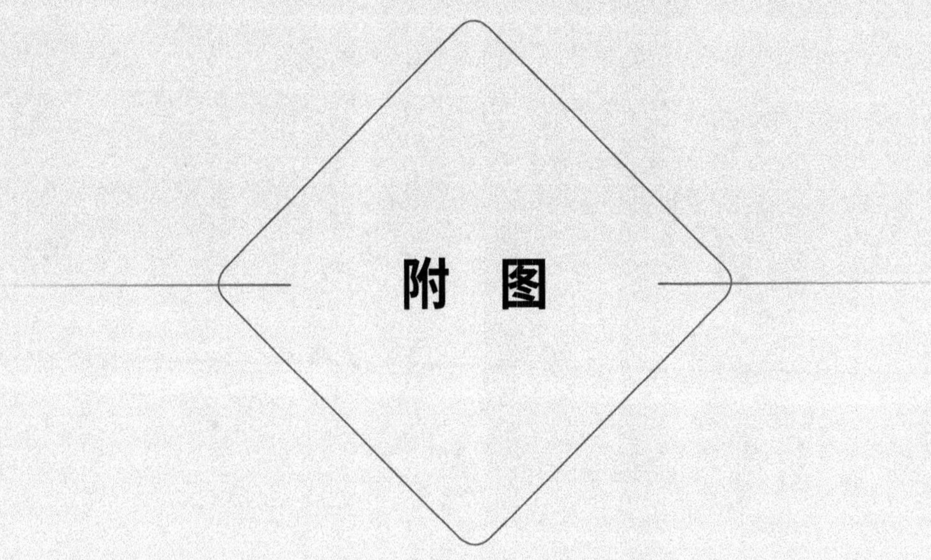

附 图

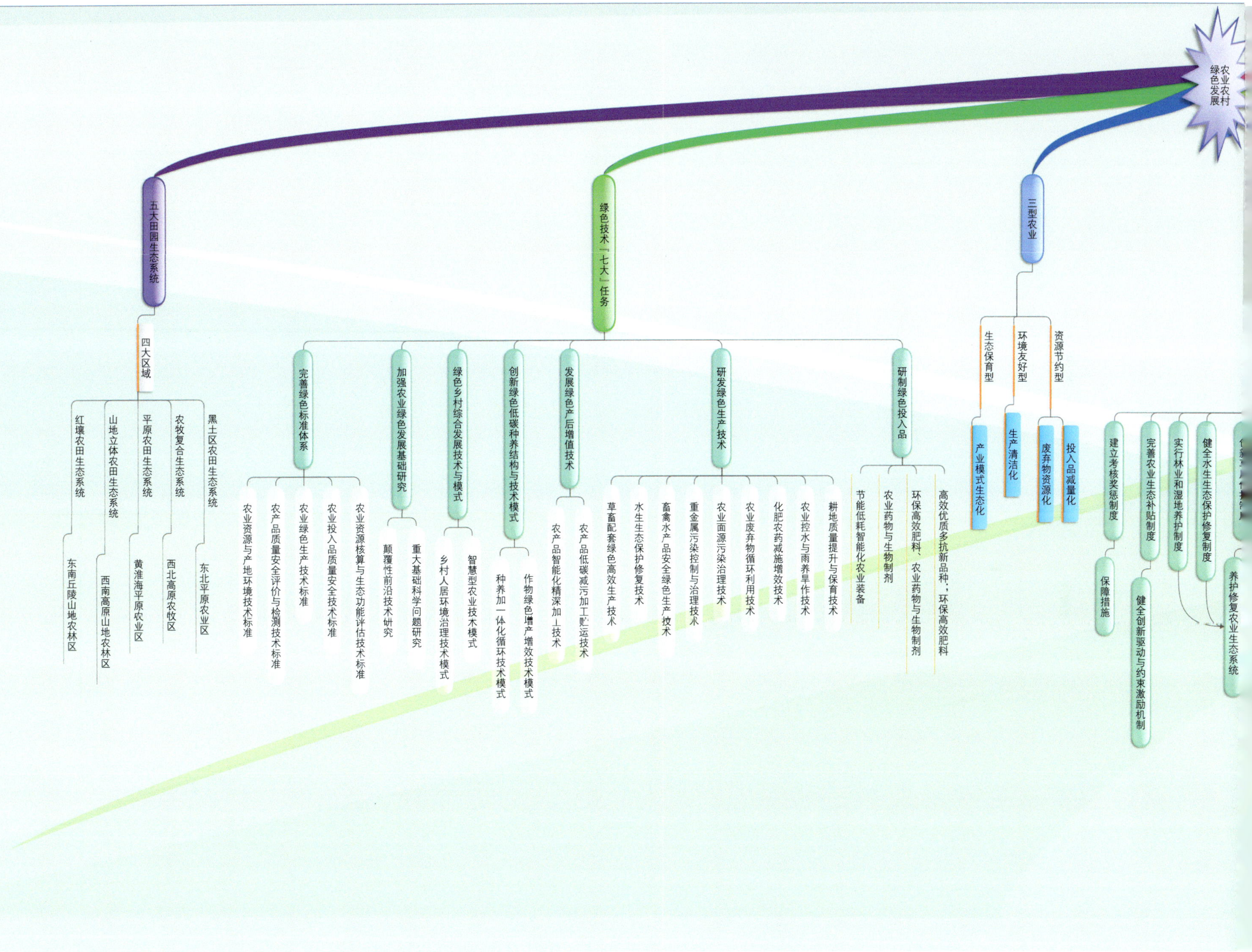

农业农村绿色发展
五大田园生态系统
四大区域
红壤农田生态系统
东南丘陵山地农林区
山地立体农田生态系统
西南高原山地农林区
平原农田生态系统
黄淮海平原农业区
农牧复合生态系统
西北高原农牧区
黑土区农田生态系统
东北平原农业区
绿色技术“七大”任务
完善绿色标准体系
农业资源与产地环境技术标准
农产品质量安全评价与检测技术标准
农业绿色生产技术标准
农业投入品质量安全技术标准
农业资源核算与生态功能评估技术标准
加强农业绿色发展基础研究
颠覆性前沿技术研究
重大基础科学问题研究
绿色乡村综合发展技术与模式
乡村人居环境治理技术模式
智慧型农业技术模式
创新绿色低碳种养结构与技术模式
种养加一体化循环技术模式
作物绿色增产增效技术模式
发展绿色产后增值技术
农产品智能化精深加工技术
农产品低碳减污加工贮运技术
研发绿色生产技术
草畜配套绿色高效生产技术
水生生态保护修复技术
畜禽水产品安全绿色生产技术
重金属污染控制与治理技术
农业面源污染治理技术
农业废弃物循环利用技术
化肥农药减施增效技术
农业控水与雨养旱作技术
耕地质量提升与保育技术
研制绿色投入品
节能低耗智能化农业装备
农业药物与生物制剂
环保高效肥料、农业药物与生物制剂
高效优质多抗新品种；环保高效肥料
三型农业
生态保育型
产业模式生态化
环境友好型
生产清洁化
资源节约型
废弃物资源化
投入品减量化
建立考核奖惩制度
保障措施
完善农业生态补贴制度
健全创新驱动与约束激励机制
实行林业和湿地养护制度
健全水生生态保护修复制度
养护修复农业生态系统

附图 1　我国农业绿色发

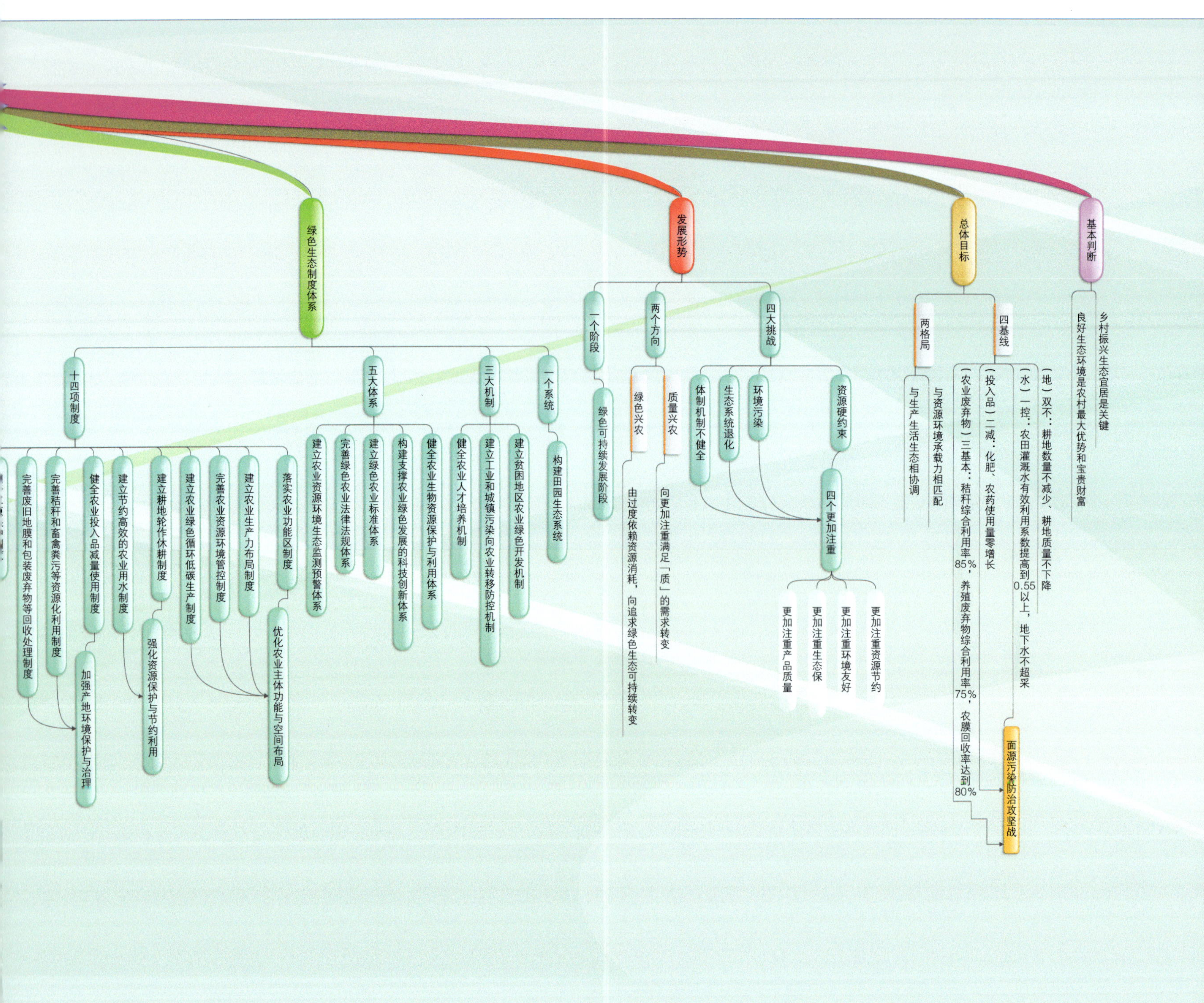

基本判断
乡村振兴生态宜居是关键
良好生态环境是农村最大优势和宝贵财富
总体目标
两格局
与资源环境承载力相匹配
与生产生活生态相协调
四基线
（地）双不：耕地数量不减少、耕地质量不下降
（水）一控：农田灌溉水有效利用系数提高到0.55以上，地下水不超采
（投入品）二减：化肥、农药使用量零增长
（农业废弃物）三基本：秸秆综合利用率85%，养殖废弃物综合利用率75%，农膜回收率达到80%
面源污染防治攻坚战
发展形势
一个阶段
绿色可持续发展阶段
两个方向
质量兴农
向更加注重满足「质」的需求转变
绿色兴农
由过度依赖资源消耗，向追求绿色生态可持续转变
四大挑战
资源硬约束
环境污染
生态系统退化
体制机制不健全
四个更加注重
更加注重资源节约
更加注重环境友好
更加注重生态保
更加注重产品质量
绿色生态制度体系
一个系统
构建田园生态系统
三大机制
建立贫困地区农业绿色开发机制
建立工业和城镇污染向农业转移防控机制
健全农业人才培养机制
五大体系
健全农业生物资源保护与利用体系
构建支撑农业绿色发展的科技创新体系
建立绿色农业标准体系
完善绿色农业法律法规体系
建立农业资源环境生态监测预警体系
十四项制度
落实农业功能区制度
建立农业生产力布局制度
完善农业资源环境管控制度
建立农业绿色循环低碳生产制度
建立耕地轮作休耕制度
建立节约高效的农业用水制度
健全农业投入品减量使用制度
完善秸秆和畜禽粪污等资源化利用制度
完善废旧地膜和包装废弃物等回收处理制度
优化农业主体功能与空间布局
强化资源保护与节约利用
加强产地环境保护与治理

衢州农业绿色发展先行市建设规划（2019—2025 年）

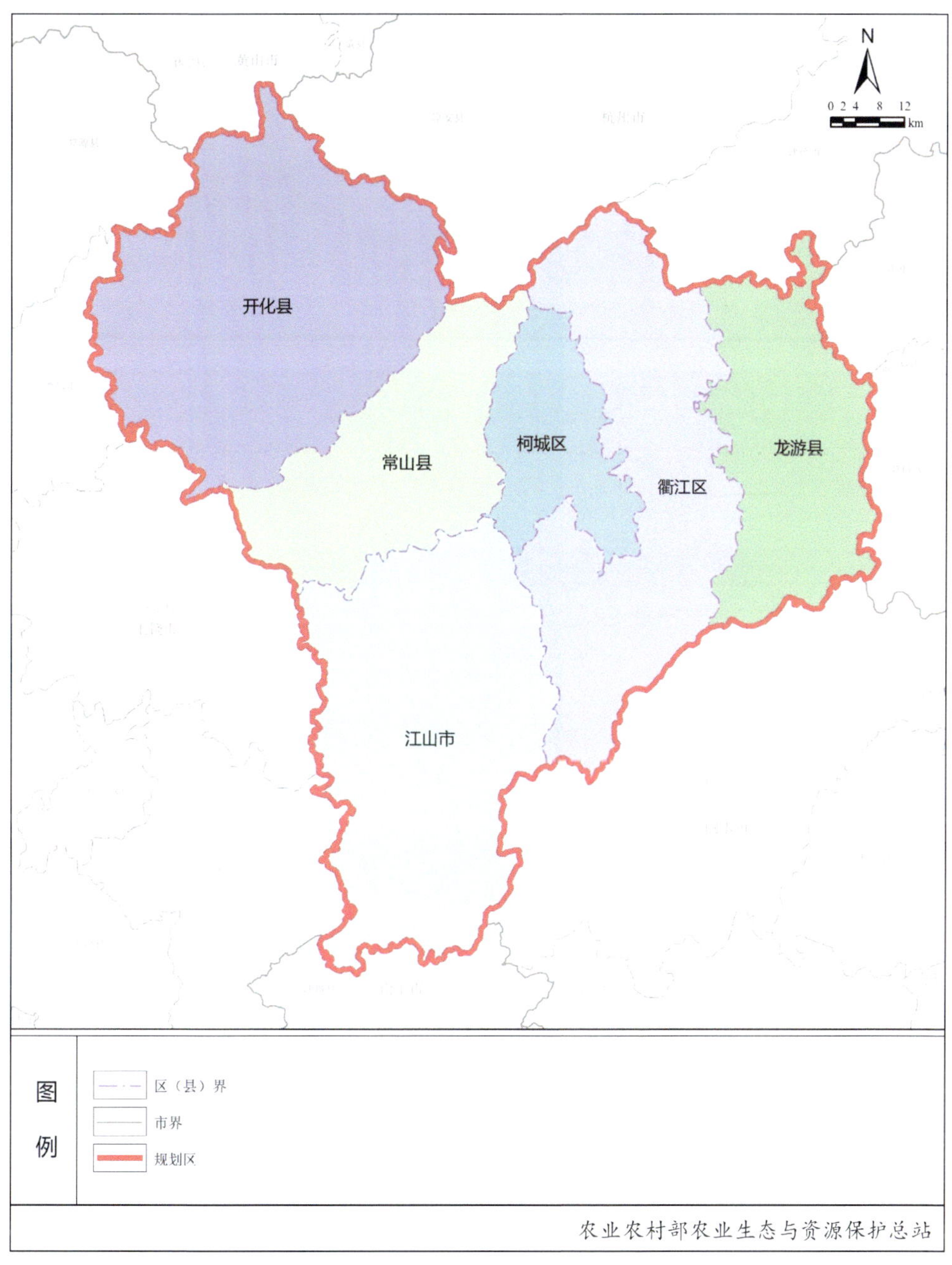

附图 2　衢州市行政区划图

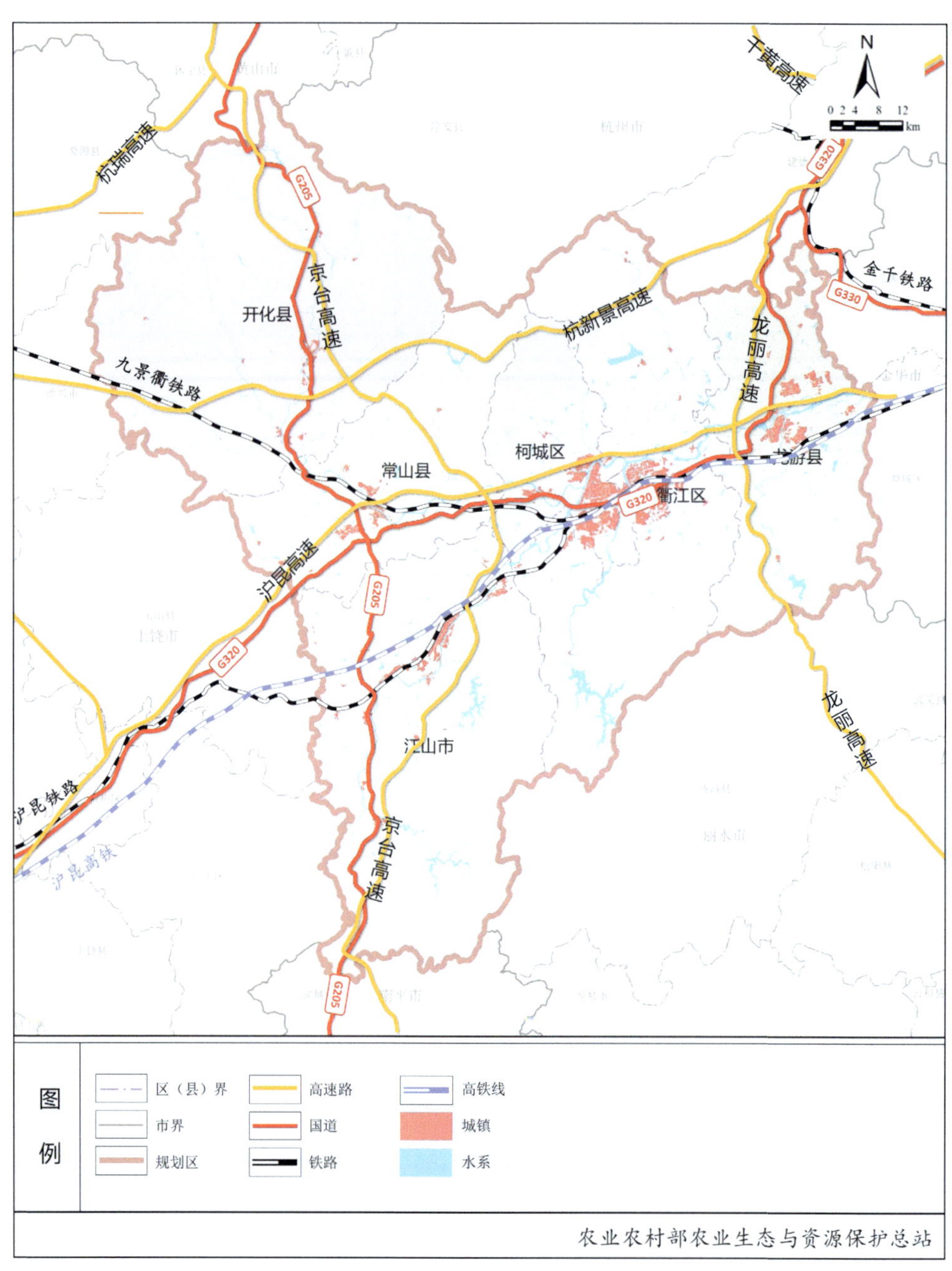

附图 3 衢州市区位分析图

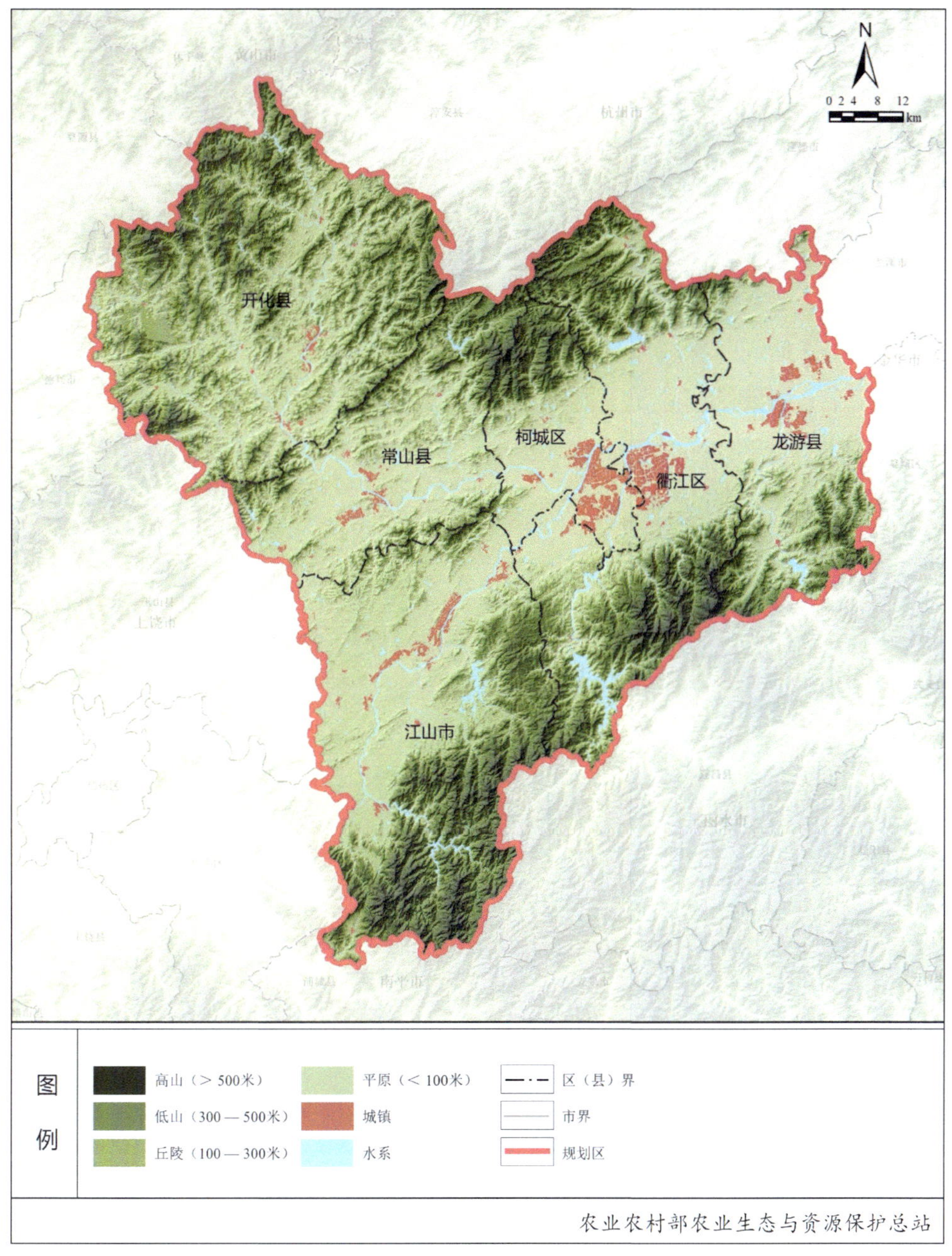

附图 4 衢州市地形地貌分析图

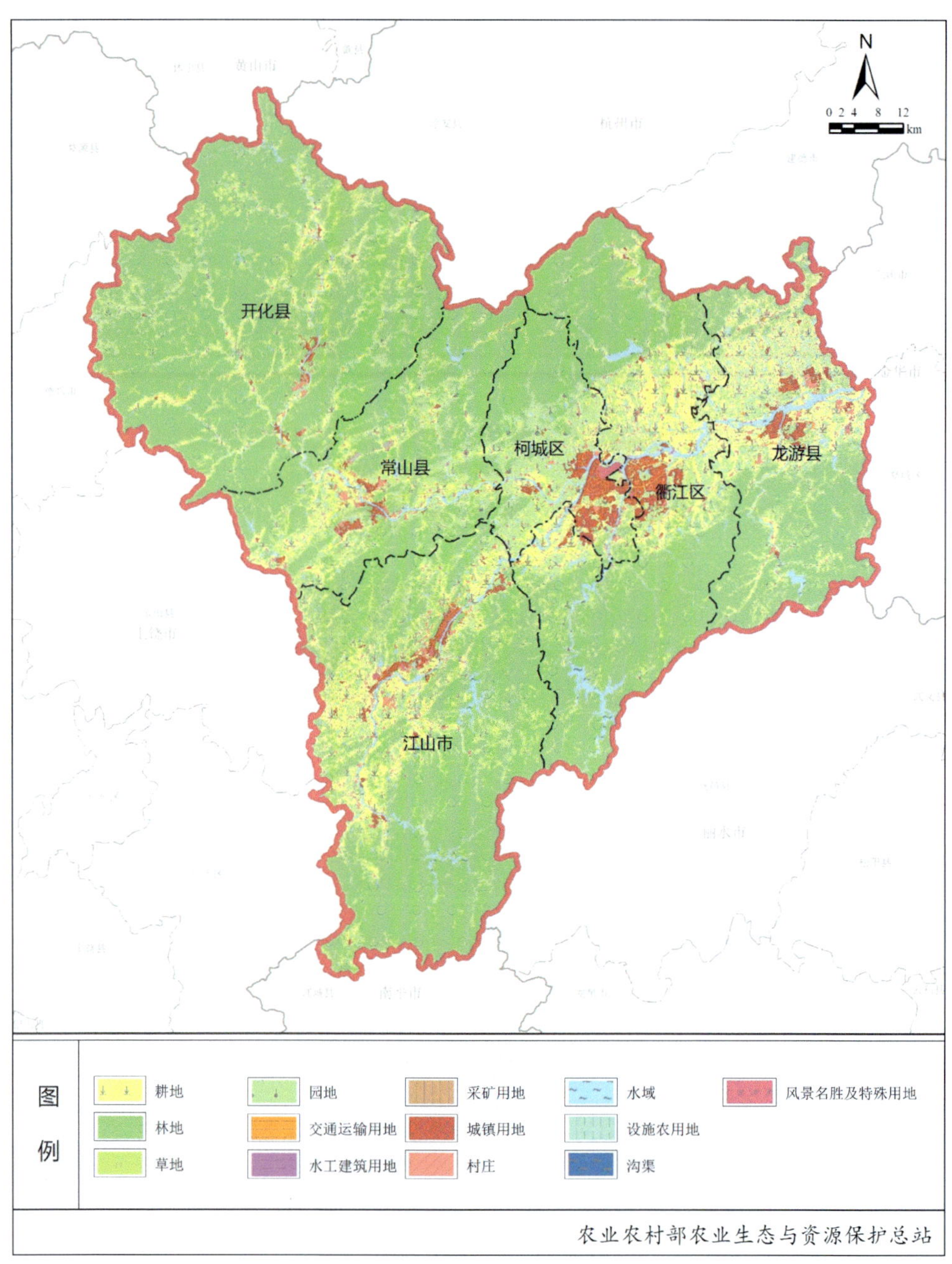

附图 5 衢州市土地利用现状图

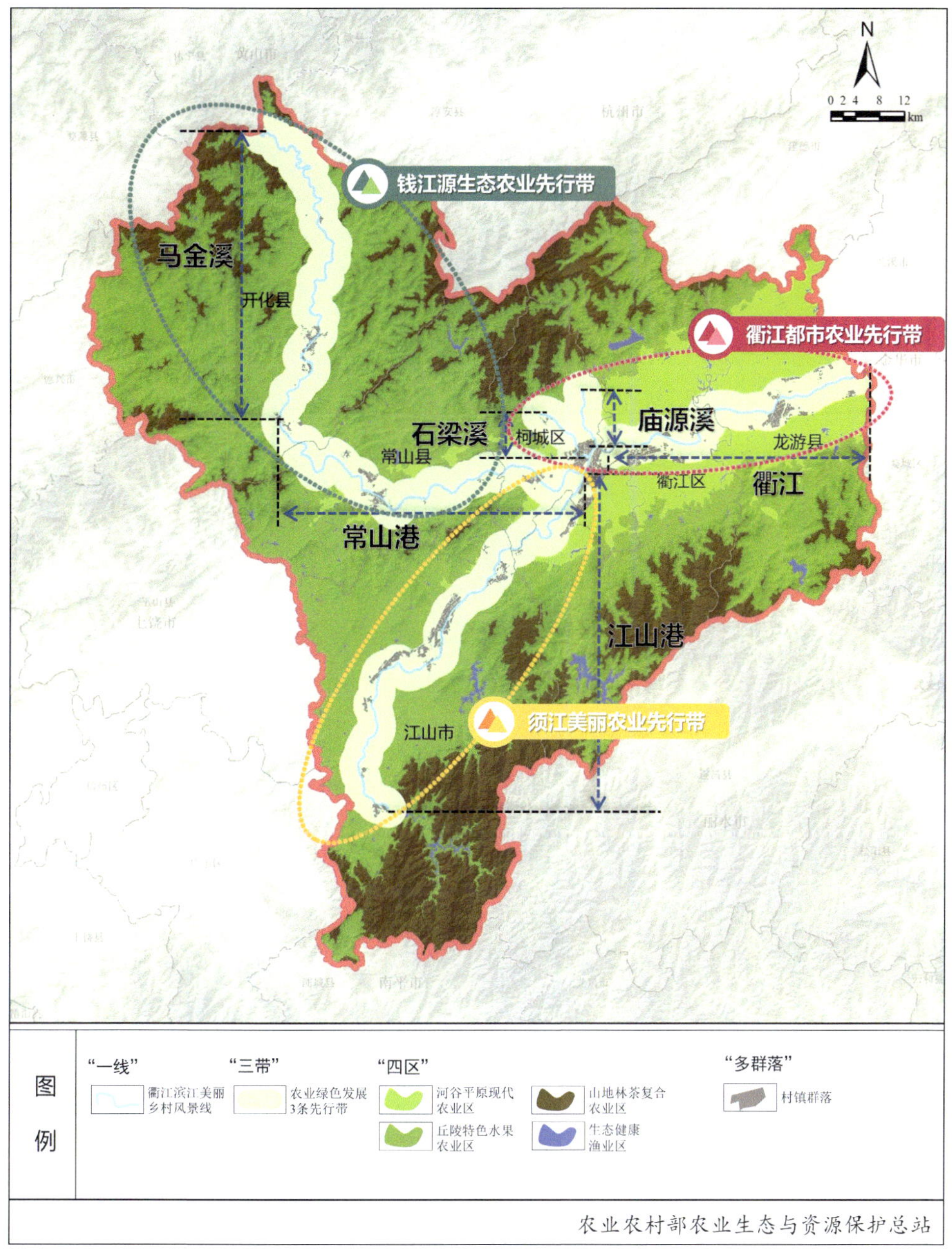

附图6 衢州市农业绿色发展空间布局图

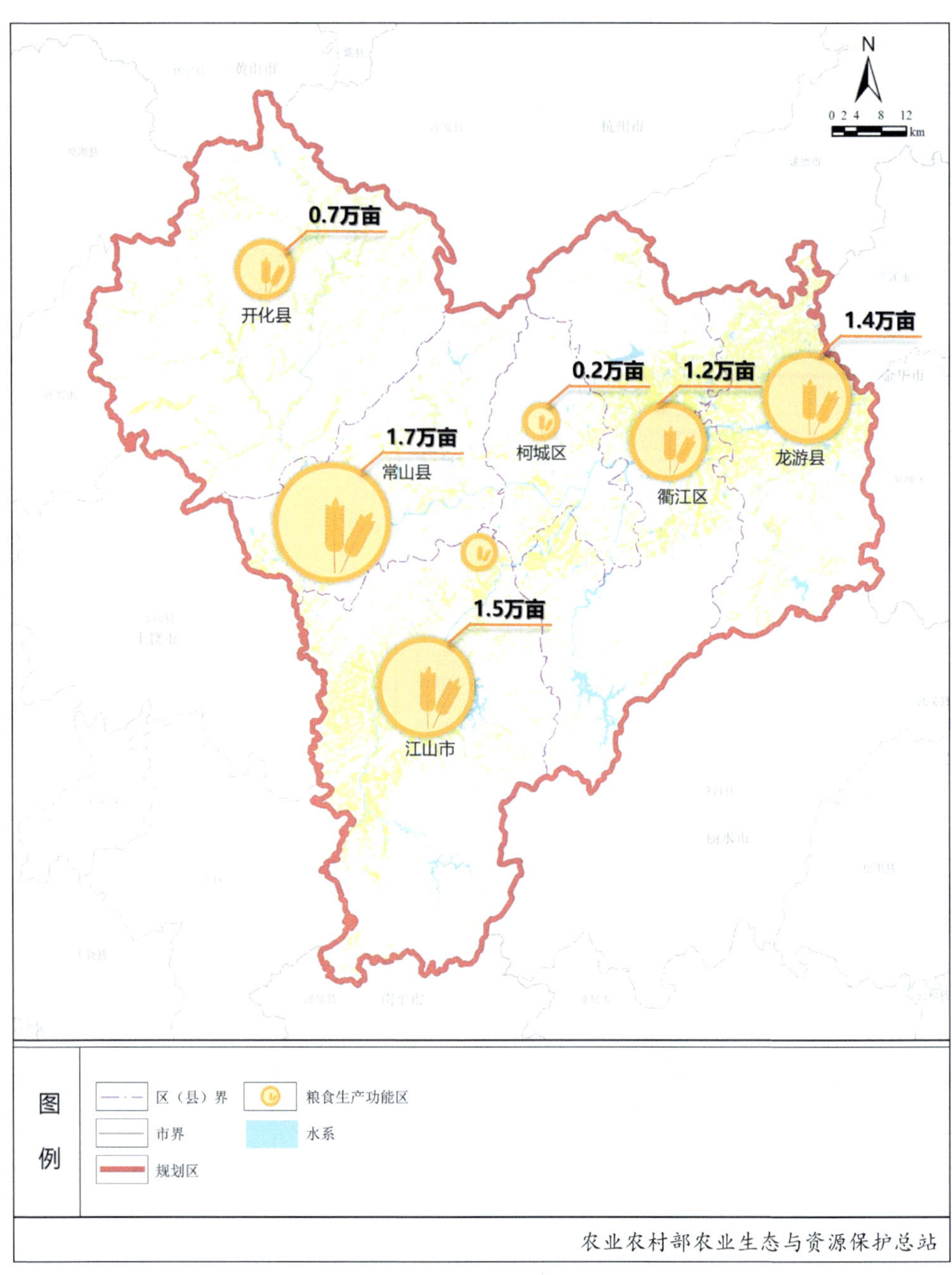

附图7　衢州市粮食生产功能区布局图

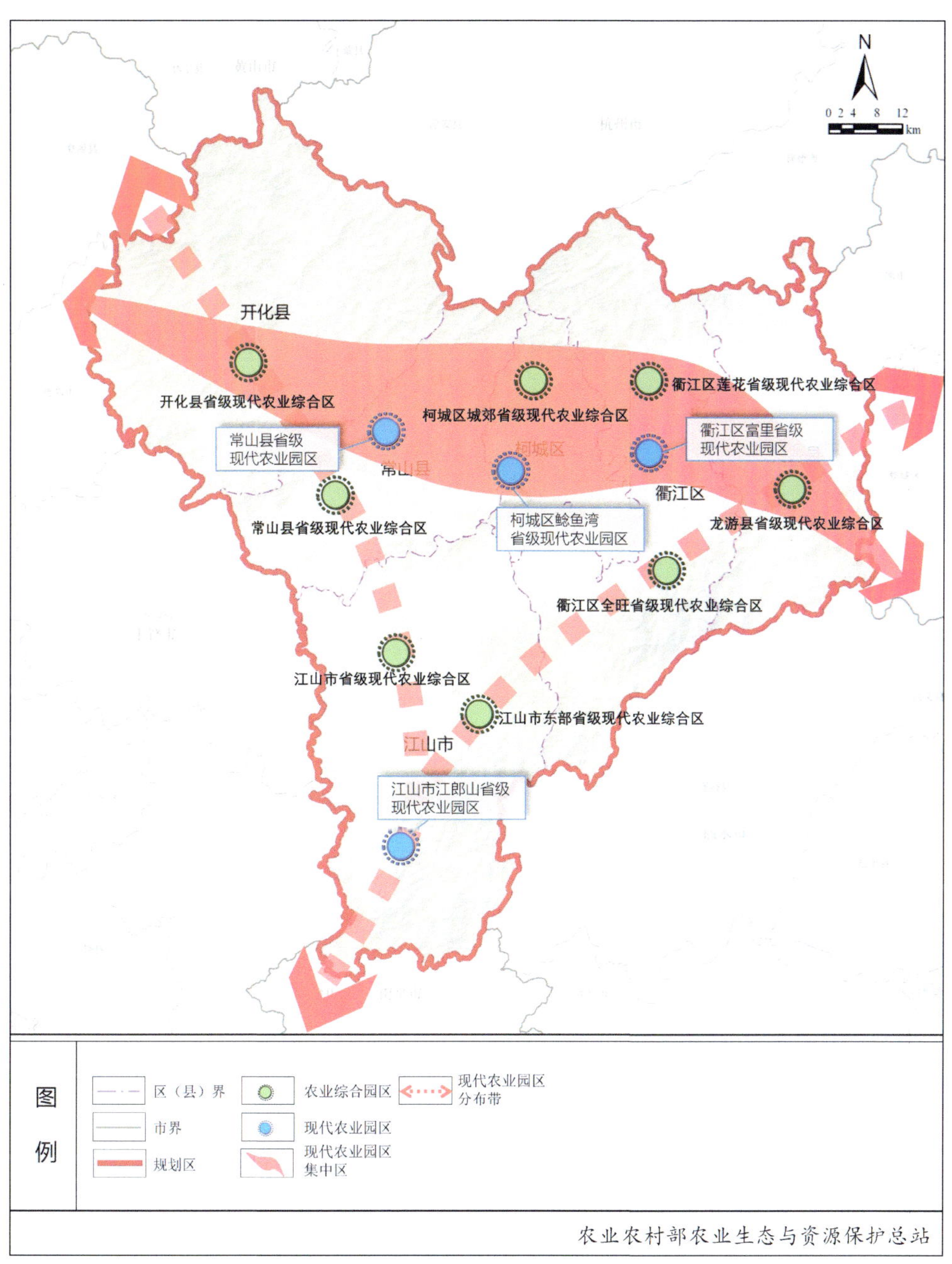

附图 8 衢州市现代农业园区和现代农业综合园区布局图

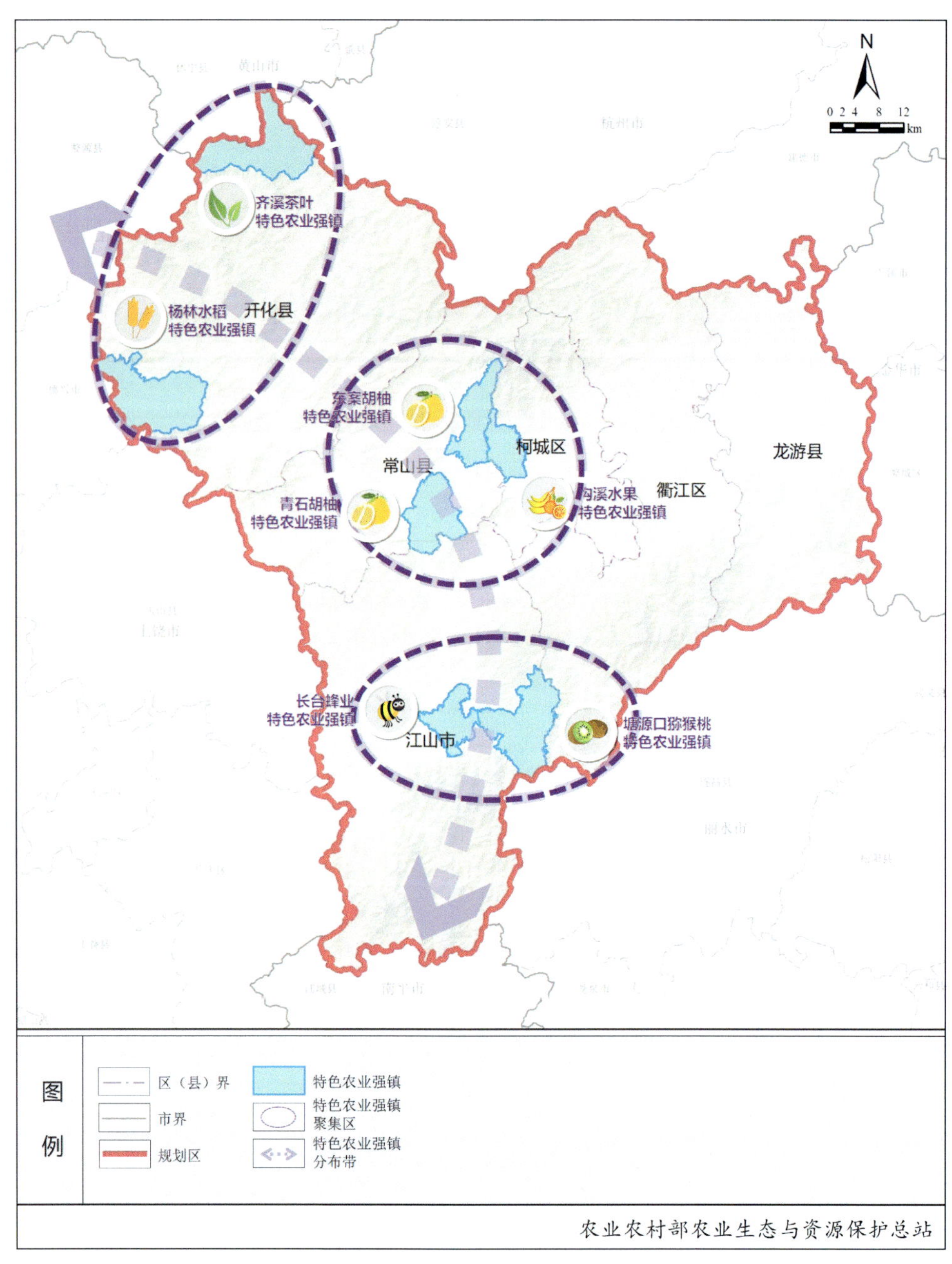

附图 9　衢州市特色农业强镇布局图

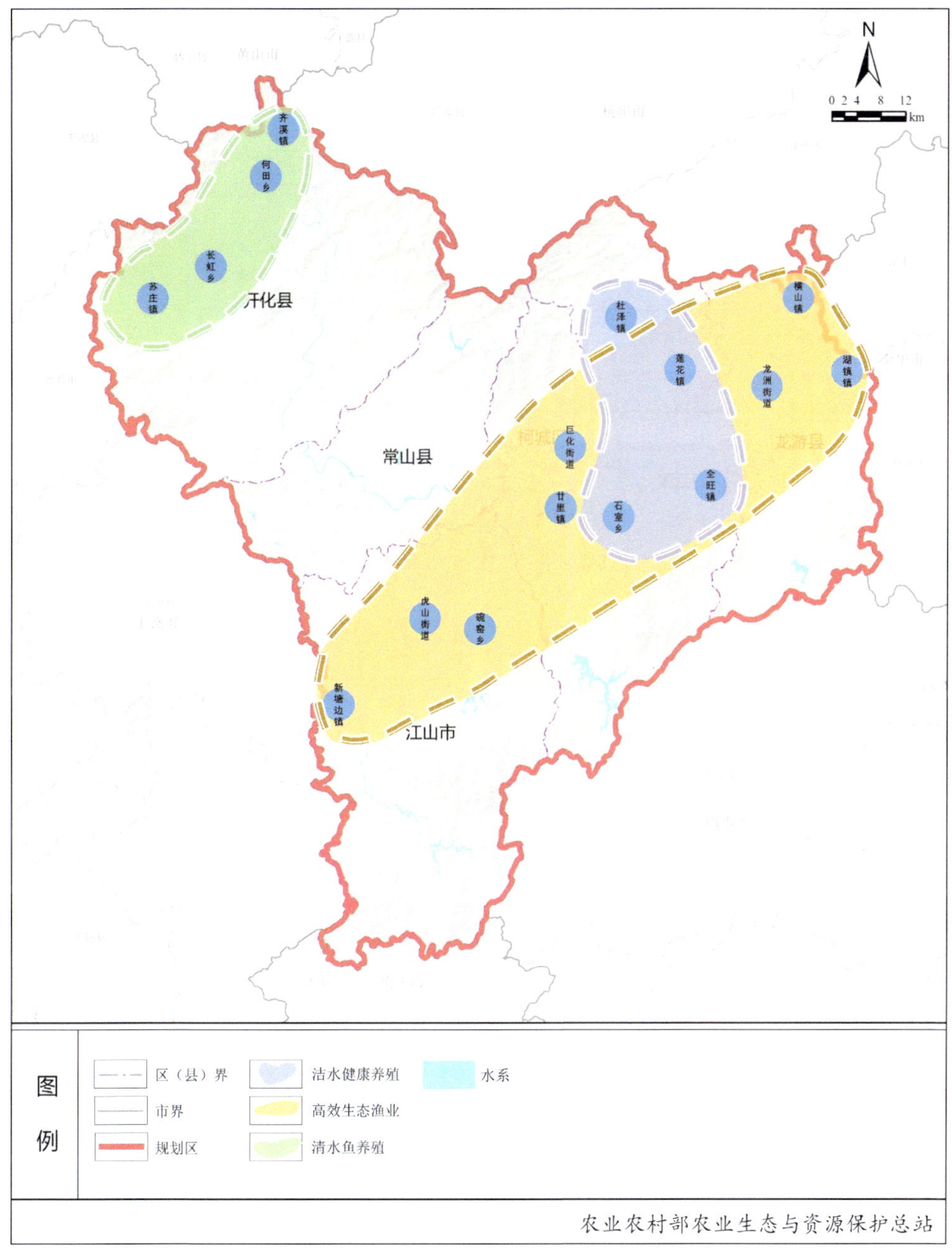

附图 10 衢州市现代生态渔业园区 / 基地布局图

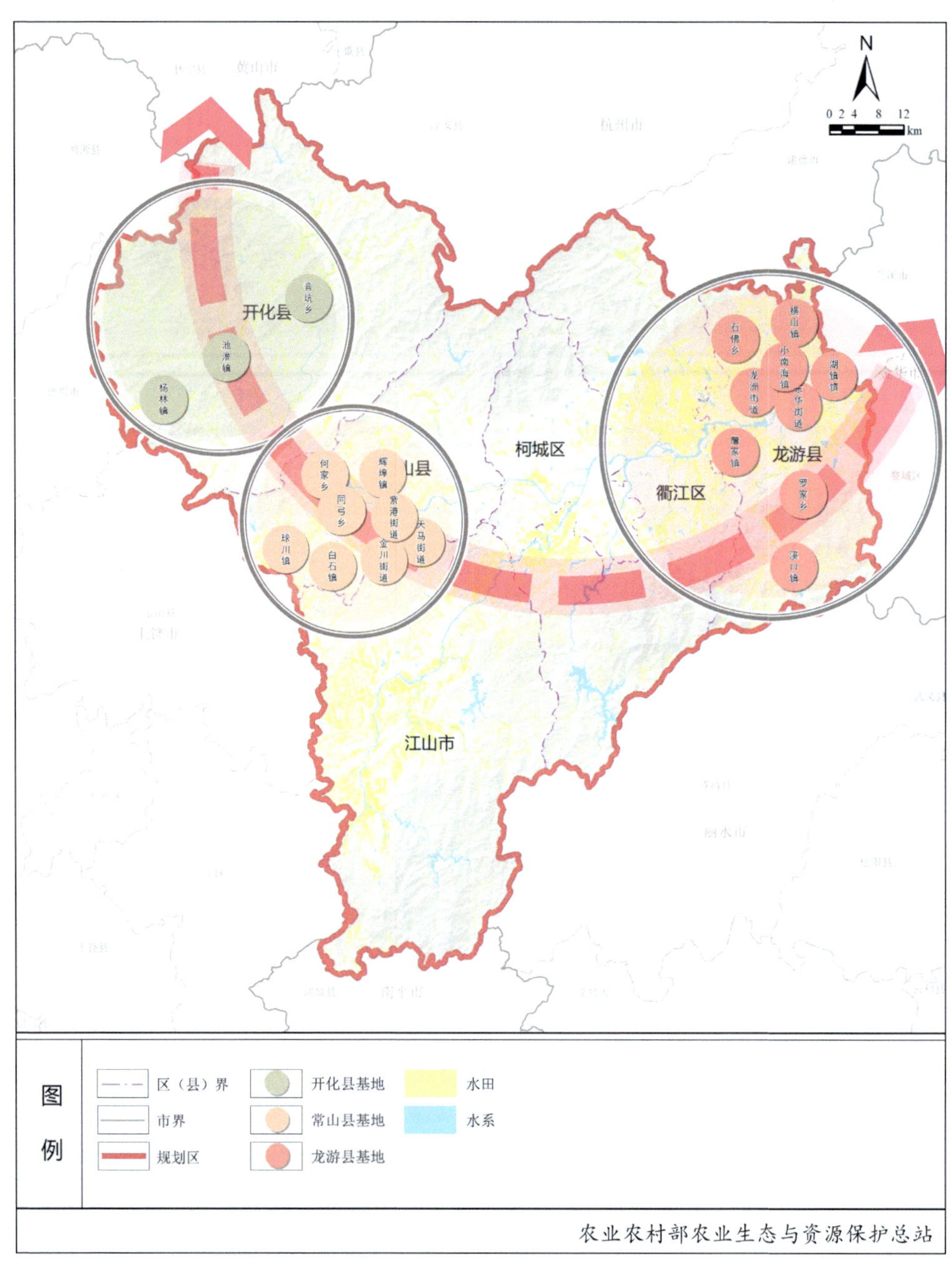

附图 11 衢州市“稻 +”综合种养生产基地布局图

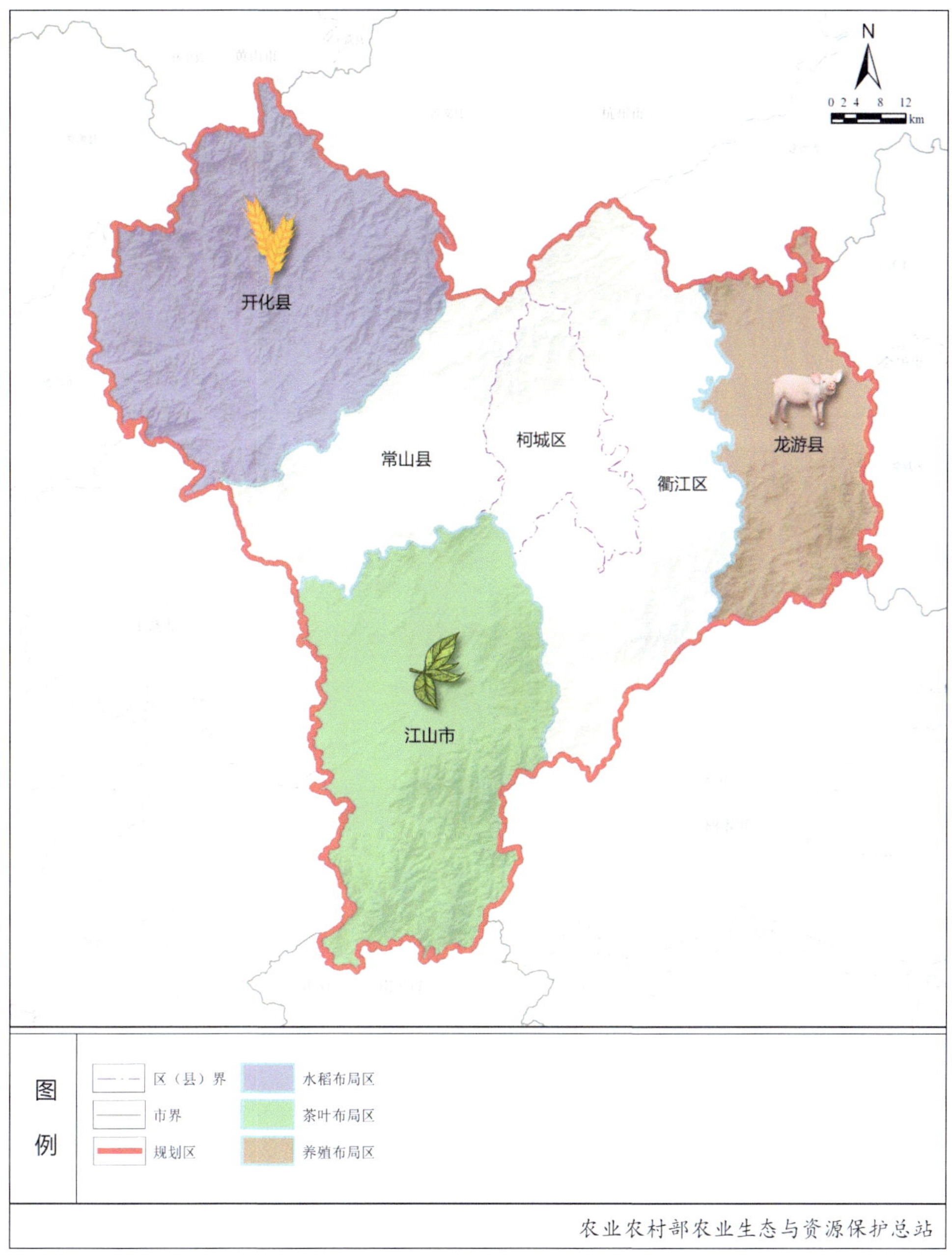

附图 12　衢州市农业“机器换人”示范县布局图

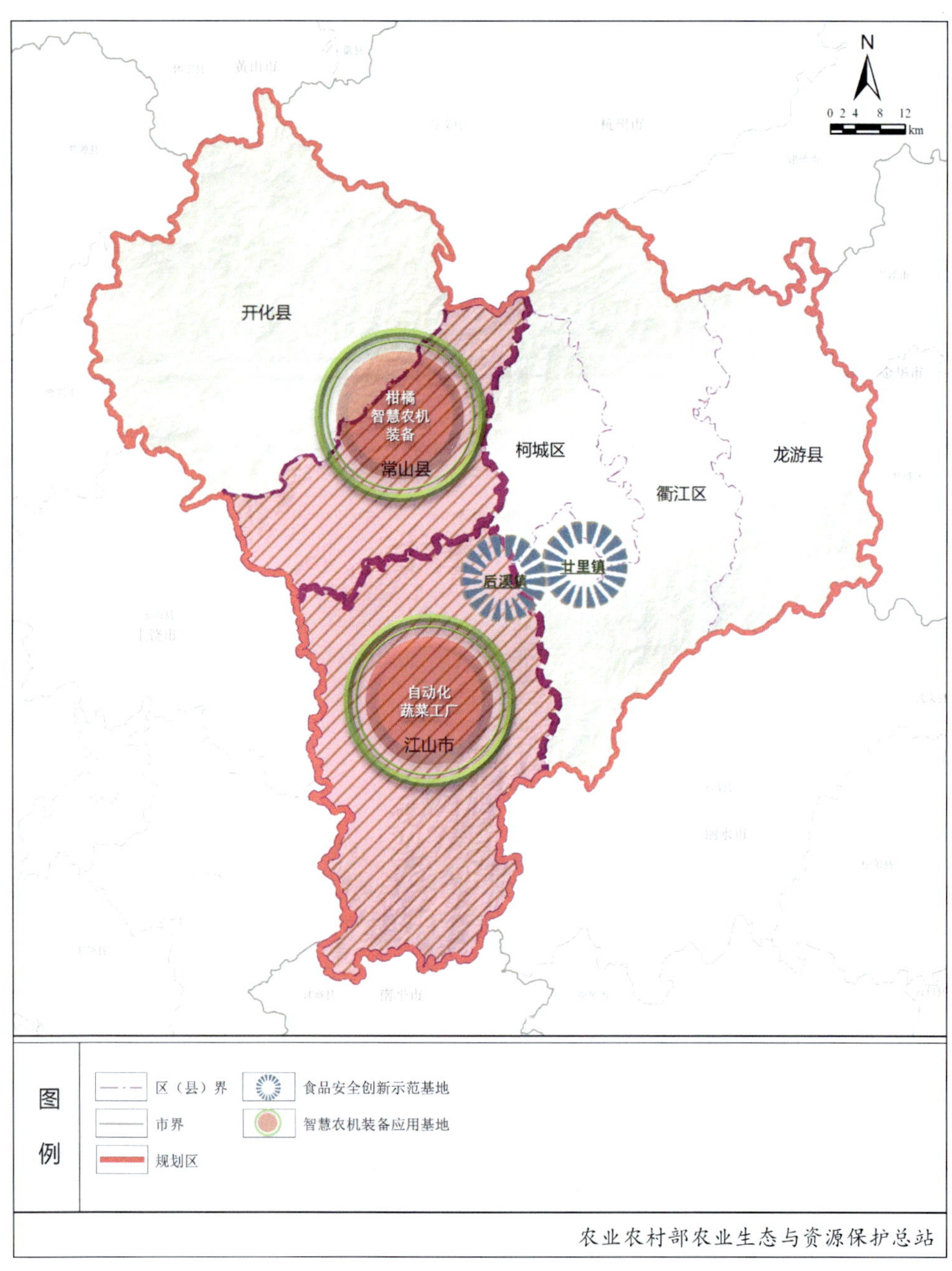

附图 13　世界食品安全创新与衢州市智慧农机装备应用基地布局图

附图 14 衢州市农业绿色科技支撑体系布局图

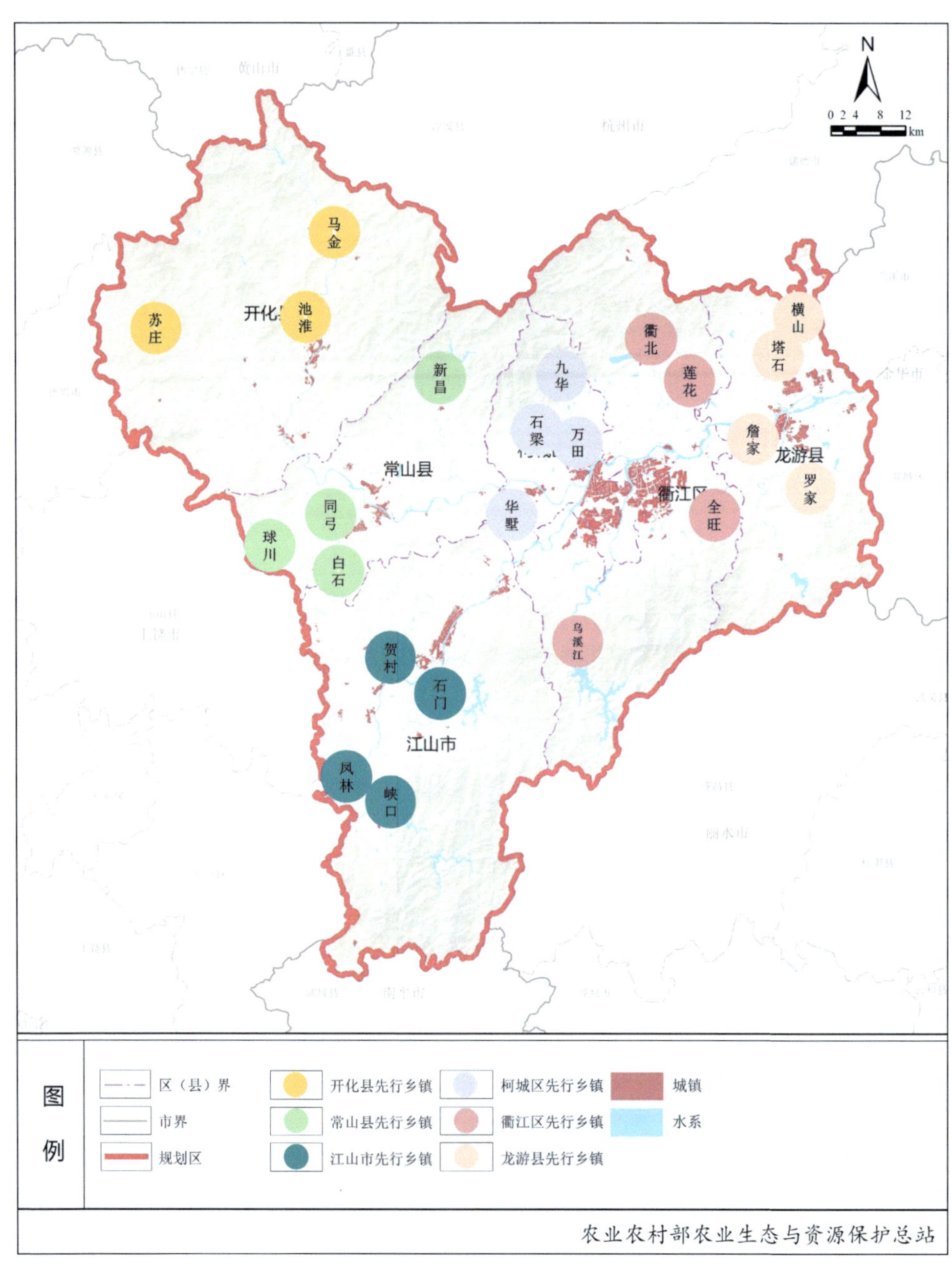

附图 15　衢州市 23 个省级农业绿色发展先行区布局图

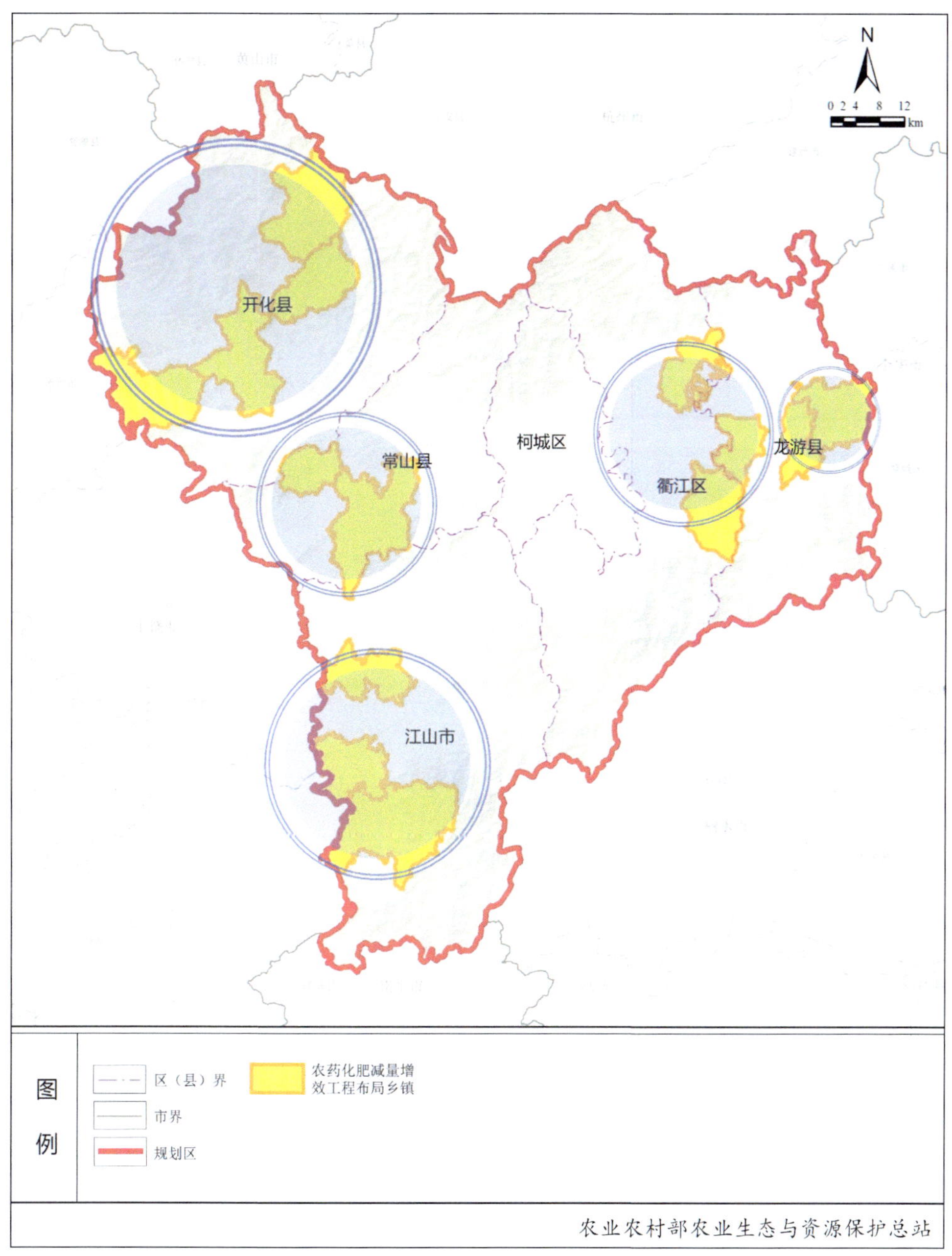

附图 16　衢州市化肥农药减量增效实施区域布局图

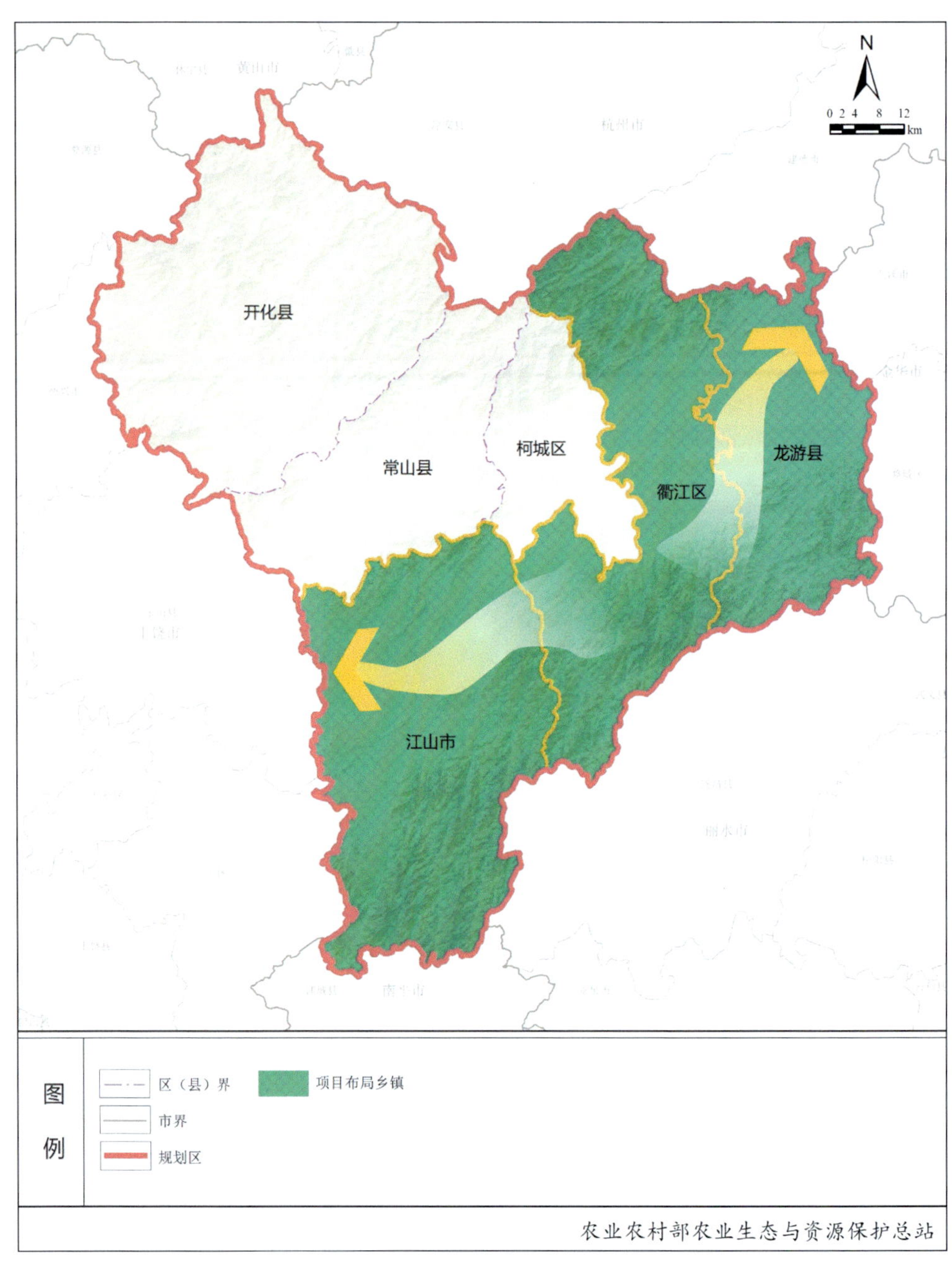

附图 17　衢州市养殖类污资源化利用重大科技项目布局图

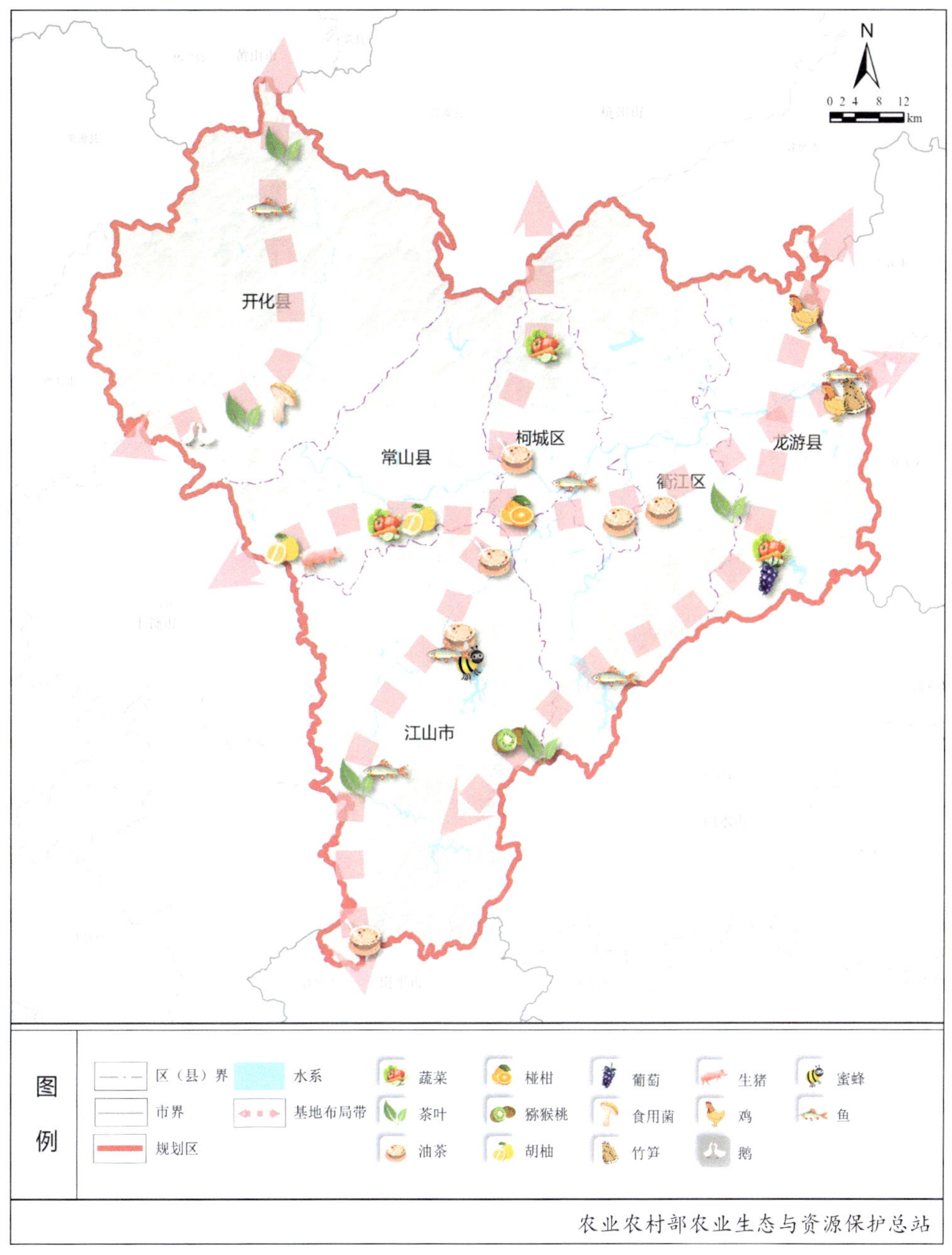

附图 18 衢州市主要农产品标准化种养殖示范基地布局图

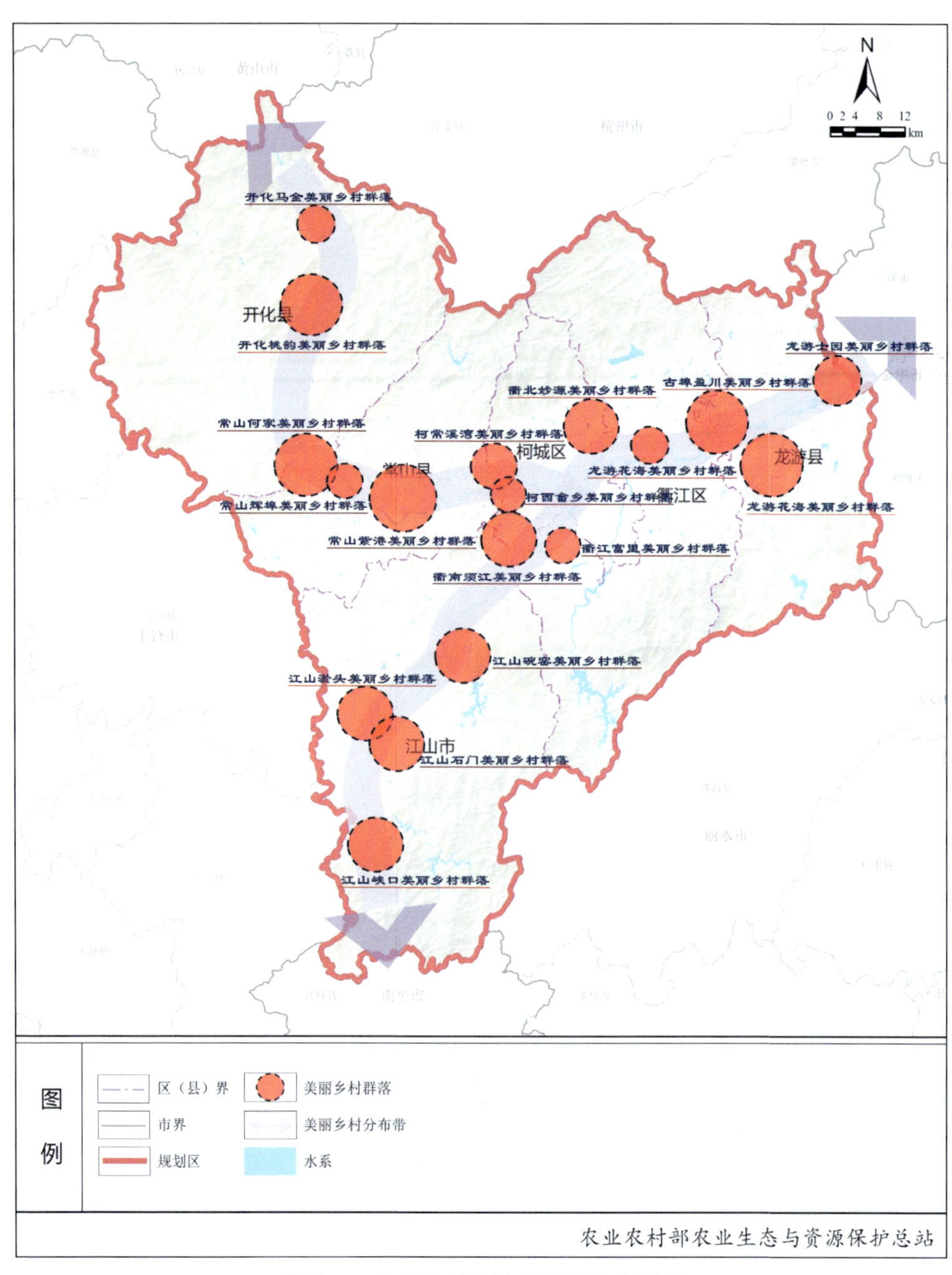

附图 19　衢州市美丽乡村风景带布局图

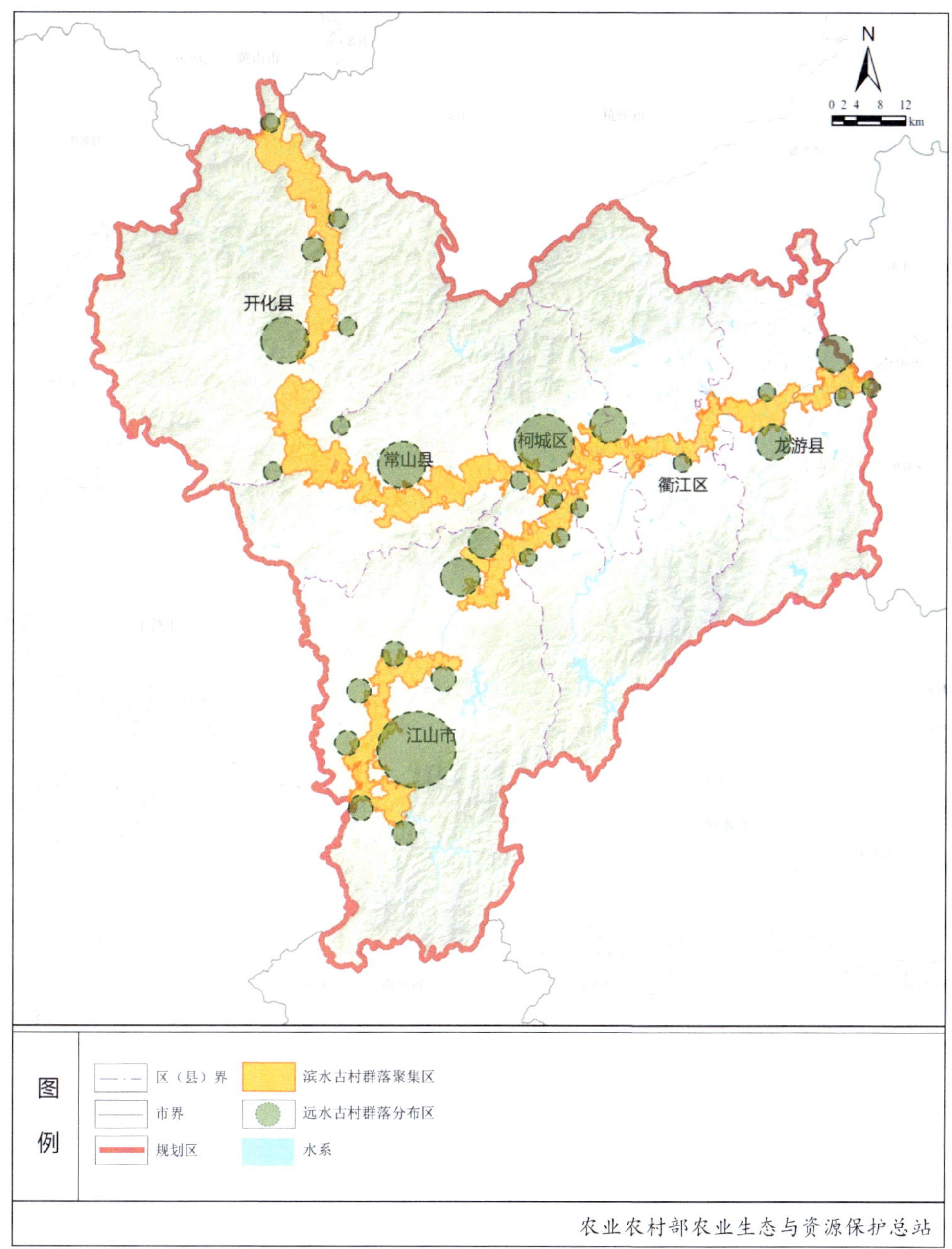

附图 20 衢州市改造提升重点古村落布局图

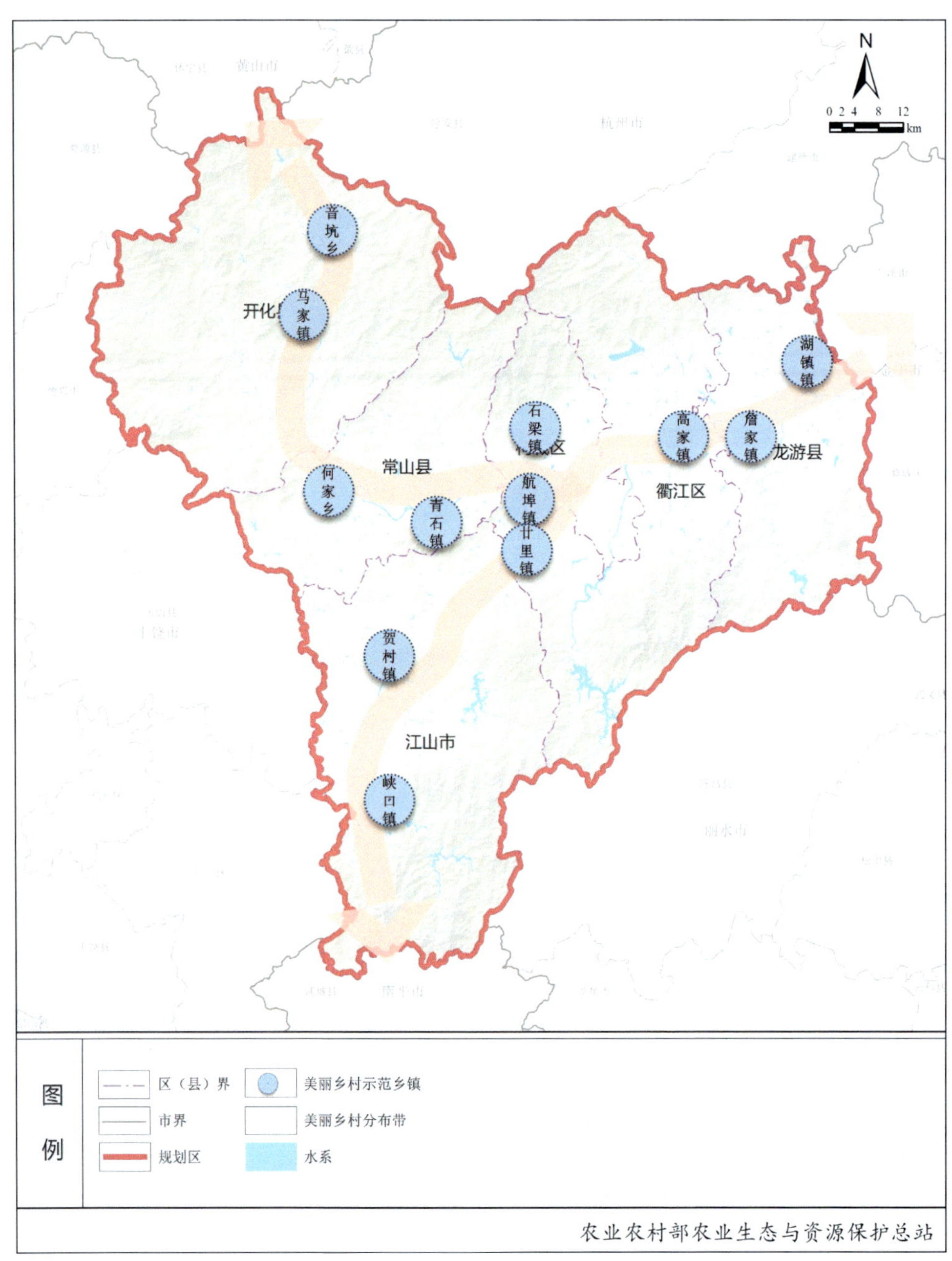

附图 21　衢州市美丽乡村示范乡镇布局图

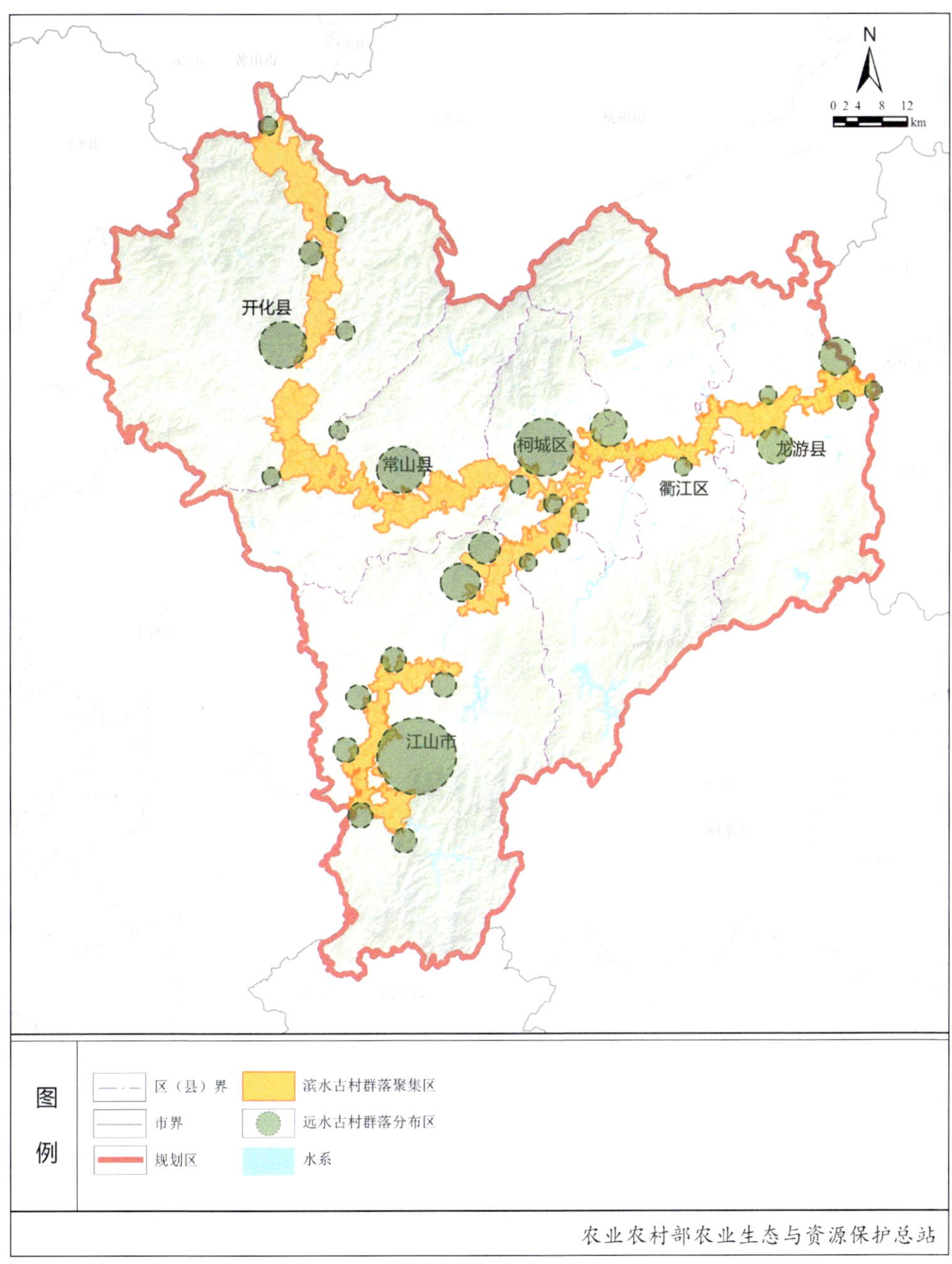

附图 22　衢州市乡村未来社区试点布局图